Pierre Milliez

Résurrection de Jésus-Christ

**Signes donnés
Étude scientifique
Sens métaphysique**

Je dédie ce livre à tous ceux qui sont :
- **en attente d'une réponse à la question fondamentale de l'être,**
- **en recherche d'un sens à leur vie,**
- **en quête d'une relation, même sans le savoir, avec celui qui Est.**

Paul en 1 Corinthiens 15, 14 : « **Et si le Christ n'est pas ressuscité, notre prédication est donc vaine, vaine aussi votre foi.** ».

Origine des extraits de la Bible, parole de Dieu :
Traduction d'après les textes originaux par le chanoine A. CRAMPON
Société de Saint Jean l'Evangéliste
Desclée et Co., Tournai 1939

© 2025, Pierre Milliez
Édition : BoD · Books on Demand, 31 avenue Saint-Rémy, 57600 Forbach, bod@bod.fr
Impression : Libri Plureos GmbH, Friedensallee 273, 22763 Hamburg (Allemagne)
ISBN : **978-2-3226-1373-1**
Dépôt légal : Mai 2025

Du même auteur aux éditions Books on Demand (bod.fr)

Témoignage : J'ai expérimenté Dieu

Études
La Résurrection de Jésus Christ – Signes donnés, étude scientifique, sens métaphysique

La Résurrection au risque de la Science

Pièces à conviction du Messie d'Israël ou étude des reliques de Jésus

Les miracles eucharistiques, signes de la Résurrection

Marie, la sainte de Dieu, de la bible aux dogmes

Mystères et merveilles

Jésus au fil des jours I/III de la promesse à l'an 27
Jésus au fil des jours II/III de l'an 28 à juin 29
Jésus au fil des jours III/III de juin 29 à l'an 30

Révélations sur Jésus

Dieu - Un Être, une Essence et trois Personnes pour connaître et aimer

Création et évolution, de la création évolutive à l'évolution créatrice

Conte poétique et philosophique : Le petit d'homme - L'élu

Roman : Le signe de Dieu

Recueil poétique : Aux trois amours

Préface

Ce livre, « **La Résurrection de Jésus-Christ : Signes donnés, Étude scientifique, Sens métaphysique** », propose une synthèse accessible et profonde sur un événement unique dans l'histoire : la Résurrection du Christ.

Depuis des siècles, l'espérance chrétienne repose sur cet événement central. Comme le rappelle saint Paul : « *Si le Christ n'est pas ressuscité, alors notre prédication est vide, et vide aussi votre foi* » (1 Co 15, 14).

L'Ancien Testament annonce la venue du Messie à travers plus de 300 prophéties : un être pleinement homme et pleinement Dieu.

La vie de Jésus est attestée par de nombreux écrits chrétiens — Évangiles, Actes des Apôtres, lettres apostoliques — mais aussi par des auteurs juifs, romains, grecs, et syriaques. Le Talmud relate dans une vingtaine de passage Jésus. Le Coran reconnaît en Îsâ (Jésus) un prophète éminent, pur de tout péché et porteur de miracles.

Dans cette œuvre, je m'appuie sur l'étude approfondie de sources anciennes et sur l'examen scientifique de reliques telles que le Linceul de Turin, la Tunique d'Argenteuil, le Suaire d'Oviedo, la Coiffe de Cahors et le Voile de Manoppello. J'explore aussi les miracles eucharistiques et d'autres signes qui témoignent de la présence vivante du Ressuscité dans notre monde.

L'auteur a étudié la passion, la mort et la Résurrection de Jésus à partir de la Bible et des 5 linges qui en portent traces. Il s'agit de la Tunique d'Argenteuil, du Suaire d'Oviedo, de la Coiffe de Cahors, du Linceul de Turin, du Voile de Manoppello. Ces linges sont étudiés historiquement et scientifiquement.

Cette étude fait l'objet du livre : « ***La Résurrection au risque de la Science** - Étude scientifique de la résurrection de Jésus à partir de la Bible et des 5 linges du Linceul de Turin au Voile de Manoppello* » sur bod.fr.

L'auteur a analysé plus de 150 miracles eucharistiques qui disent Jésus, enfant, adulte, en agonie, ressuscité.

Les informations se trouvent dans le livre : « ***Miracles eucharistiques, signes de la Résurrection*** » sur bod.fr.

Ce livre n'est pas un traité théologique ni un simple recueil d'analyses scientifiques. Il est une quête : celle de la vérité sur cet événement qui dépasse le temps et l'espace. Il est destiné à tous ceux qui cherchent une réponse à la question essentielle : **l'homme est-il appelé à vaincre la mort** ?

Puisse ce chemin entre la raison et la foi conduire chacun vers une lumière plus grande : celle du Christ ressuscité.

Introduction

La Résurrection de Jésus-Christ est l'événement fondateur de la foi chrétienne. Elle n'est pas seulement une croyance, mais une affirmation historique qui interpelle la raison autant que le cœur.

La science explore le monde matériel. Elle mesure, observe, expérimente. La métaphysique, de son côté, s'interroge sur le sens de l'existence, sur ce qui dépasse la matière et le temps. À la croisée de ces deux chemins, se dresse la question essentielle : la Résurrection de Jésus est-elle un fait ? Et si oui, que signifie-t-elle pour l'homme ?

Ce livre s'organise en six étapes :
- **La nécessité de la Résurrection** : pourquoi la venue et la Résurrection du Christ répondent-elles à une rupture ancienne entre Dieu et l'humanité ?
- **Vie, enseignement et mort de Jésus** : l'originalité radicale de son message, l'annonce de sa propre Résurrection.
- **Le témoignage de la Résurrection** : récits évangéliques, témoins directs, récits mystiques.
- **Les signes tangibles** : analyse historique et scientifique des linges mortuaires et d'autres indices matériels.
- **Miracles et manifestations** : signes eucharistiques, feu sacré du Saint-Sépulcre, expériences des saints.
- **Sens ultime de la Résurrection** : Implications pour l'homme, pour l'histoire, pour l'univers.

La Résurrection de Jésus ne peut être réduite à un phénomène du passé. Elle touche au mystère même de notre destinée : la victoire sur la mort. C'est la bonne nouvelle d'une vie transformée au-delà de ce monde visible.

En abordant tour à tour les dimensions scientifique, historique et théologique, ce livre propose un chemin de réflexion qui respecte la rigueur de la raison tout en s'ouvrant à la lumière de la foi.

Puisse ce parcours nourrir votre quête personnelle de vérité et d'espérance..

Abréviations

Ab	Abdias	Jb	Job	Os	Osée
Ac	Actes apôtres	Jc	Jacques		
Ag	Aggée	Jdt	Judith	1P	1 Pierre
Am	Amos	Jg	Juges	2P	2 Pierre
Ap	Apocalypse	Jl	Joël	Ph	Philippiens
		Jn	Jean	Phm	Philémon
Ba	Baruch	1Jn	1 Jean	Pr	Proverbes
		2Jn	2 Jean	Ps	Psaumes
1Ch	1 Chroniques	3Jn	3 Jean		
2Ch	2 Chroniques	Jon	Jonas	Qo	Qohéleth
1Co	1 Corinthiens	Jos	Josué		
2Co	2 Corinthiens	Jr	Jérémie	1R	1 Roi
Col	Colossiens	Jude	Jude	2R	2 Roi
Ct	Cantique des Cs			Rm	Romains
		Lc	Luc	Rt	Ruth
Dn	Daniel	Lm	Lamentations		
Dt	Deutéronome	Lv	Lévitique	1S	1 Samuel
				2S	2 Samuel
Eph	Ephésiens	1M	1 Maccabées	Sg	Sagesse
Esd	Esdras	2M	2 Maccabées	Si	Siracide
Est	Esther	Mc	Marc	So	Sophonie
Ex	Exode	Mi	Michée		
Ez	Ezéchiel	Ml	Malachie	Tb	Tobie
		Mt	Matthieu	1Th	1Thessaloni.
				2Th	2Thessaloni.
Ga	Galates			1Tm	1 Timothée
Gn	Genèse	Na	Nahoum	2Tm	2 Timothée
		Nb	Nombres	Tt	Tite
Ha	Habaquq	Ne	Néhémie		
He	Hébreux			Za	Zacharie
Is	Isaïe				

SOMMAIRE

Préface	7
Introduction	9
Abréviations	10

1 Nécessité de la Résurrection de Jésus — 13

1.1	Création d'origine	13
1.2	Péché originel	17
1.3	Conséquence du péché originel	25
1.4	Changement d'état, homme et création	31

2 Vie, enseignement, mort de Jésus — 39

2.1	Vie et dons temporaires du ressuscité	39
2.2	Enseignement hors normes	45
2.3	Prophéties de la mort et de la Résurrection	53
2.4	Passion et mort de Jésus	57

3 Résurrection de Jésus — 63

3.1	Résurrection dans les évangiles	63
3.2	Témoignage de Jean dans les évangiles	71
3.3	Témoins de la Résurrection	75
3.4	Écrits des mystiques sur la Résurrection	81

4 Signes de la Résurrection sur les linges — 85

4.1	Signe de vie sur le Linceul	85
4.2	Formation de l'image jaune Sépia	89
4.3	Corps en mouvement	93
4.4	Linges mortuaires et les quatre dons	101

5 Autres signes de la Résurrection — 107

5.1	Miracles Eucharistiques don de gloire	107
5.2	Miracles eucharistiques, autres dons	115
5.3	Feu sacré	129
5.4	Saints	139

6 Sens de la Résurrection — 147

6.1	Choix de l'agneau du sacrifice	147
6.2	Salut de l'homme	151
6.3	Étude scientifique des quatre dons	155
6.4	Quatre états de l'homme	159

Épilogue 165

1 Nécessité de la Résurrection de Jésus

1.1 Création d'origine

Jardin d'Éden et péché originel incontournables

Sartre dit que le monde tel qu'il nous apparaît est absurde, soulignant là un problème ontologique. Pour Jean-Paul Sartre, entre Dieu et l'univers, l'un est de trop. Comme le monde existe, Dieu n'existe pas. Notre monde exclut un Dieu Créateur par son existence. Dieu ne peut créer notre monde sans se renier lui-même. La création exclut son Créateur, comme le contingent exclut l'absolu.

Le raisonnement est fameux mais simpliste. En effet entre un Dieu qui est par définition amour et le monde où l'on voit le mal, la souffrance et la mort, il y a un problème. Si Dieu est Dieu, il est infini en perfection et spécialement dans le bien. Le monde où nous habitons ne peut avoir été voulu et créé tel qu'il est par Dieu.

Mais la solution n'est pas celle de Sartre. Car au-delà de la raison, il y a l'expérience. Tous ceux qui ont fait une rencontre personnelle savent que Dieu Est. La solution c'est que Dieu crée un monde parfait et harmonieux au jardin d'Éden. Mais il laisse l'homme libre de ses choix.

Malheureusement l'homme désobéit à Dieu. Il fait le mauvais choix de l'arbre de la connaissance plutôt que de l'arbre de vie. Les deux premiers humains ont péché. Cela nous concerne tous car nous sommes pécheurs. Ce mauvais choix nous fait perdre l'état de grâce que nous avions dans la relation avec Dieu.

C'est la catastrophe ontologique de la chute. L'homme perd les dons préternaturels et devient mortel. Il est chassé du jardin d'Éden pour se retrouver dans notre monde où nous voyons, le mal, la souffrance et la mort.

Notre univers d'espace-temps est un lieu de non-gratuité. C'est un lieu soumis au temps qui passe et amène usure maladie, accident, mort. Ce monde ne peut être de Dieu, qui est amour, vie, bonheur…

Nietzche dira : « *ce monde est tel, qu'il ne devrait pas être.* »

Et Louis Lavelle écrit : « *On peut douter que Dieu ait créé le monde matériel, car on ne sait pas si ce monde est digne de lui[1]* ».

Dieu crée l'homme à son image. Ce dernier est libre, mais il va utiliser cette liberté pour se détourner de Dieu.
Déjà Blaise Pascal écrivait dans ses pensées : « *Sans ce mystère (du péché originel), le plus incompréhensible de tous, nous sommes incompréhensibles à nous-mêmes... De sorte que l'homme est plus inconcevable sans ce mystère que ce mystère n'est inconcevable à l'homme.[2]* »

Le cardinal Newman soulignait : « *Ou bien il n'y a pas de Créateur, ou bien l'espèce humaine, dans son état actuel, s'est exclue de sa Présence. S'il existe un Dieu – et parce qu'il est certain qu'il en existe un -, l'espèce humaine doit se retrouver intriquée dans une terrible faute héréditaire ; elle n'est plus en accord avec les intentions du Créateur. C'est là un fait aussi certain que ma propre existence. Ainsi, la doctrine de ce que les théologiens nomment « le péché originel » devient pour moi tout aussi évidente que l'existence du monde ou l'existence de Dieu.[3]* »

Le Philosophe allemand Max Scheler se questionnait : « *Est-il possible que le monde et l'homme soient sortis, tels qu'ils sont, des mains créatrices de Dieu ? Tout en moi répond : non !... Ce qui implique l'idée d'une forme quelconque de la chute et du péché originel. Faute de ne plus le confesser, il faudra bien un jour expliquer comment le démon est devenu « prince de ce monde » créé à l'image de Dieu.[4]* »

---

[1] « Conduite à l'égard d'autrui » L. Lavelle, page 223
[2] « Pensées » Pascal, Pléiade n° 131
[3] « Apologia pro vita » Newman, grand théologien anglais, page 2
[4] « Repentir et Reconnaissance » Max Scheler, philosophe et sociologue allemand

Dieu en lui-même
(voir le livre du même auteur « *Dieu, un être une Essence, trois Personnes pour conjuguer connaître et aimer* **»)**

Dieu est l'Être. Dieu est un seul Être. Il est par lui-même. Dieu est celui qui Est.

Dieu est une seule essence. Dieu est illimité. Il est infini dans ses perfections et les contient toutes.

Dieu est trois hypostases. Dieu est trois personnes : Père, Fils et Saint-Esprit. Il est trinité conjuguant en lui-même connaître et aimer.

Dieu est Un. Dieu est l'unité parfaite en lui-même. Il est Un dans les trois personnes qui sont un seul Être, une seule Essence.

Dieu est l'Unique. Dieu est infini. Il n'y a pas d'autres dieux

Dieu se complaît complètement en lui-même, dans sa relation parfaite et perpétuelle entre les trois personnes.

Création des anges, êtres spirituels

Avant la création du jardin d'Eden, Dieu crée les anges.

Malheureusement certains d'entre eux refusent le plan de Dieu et se révoltent contre Dieu.

Désormais il y a les bons anges et les mauvais anges. Ils ne peuvent plus changer car ils ont eu une connaissance suffisante pour prendre une position définitive.

Création de la matérialité d'origine
(voir le livre du même auteur « *Création et évolution – De la création évolutive à l'évolution créative* **»)**

Dieu, bien que vivant une plénitude dans son Être, décide de communiquer en-dehors de lui-même cette béatitude.

Dieu crée, en participation de son Être, le jardin d'Éden, avec les plantes et les animaux, et l'homme qu'il fait à son image, libre.

Gn 1, 26 : « **[26]Puis Dieu dit : « Faisons l'homme à notre image, selon notre ressemblance, et qu'il (l'homme) domine sur les poissons de la mer, sur les oiseaux du ciel, sur les animaux domestiques et sur toute la terre, et sur les reptiles qui rampent sur la terre. »**

Pour montrer la dignité de l'homme créé, le Psaume 8, 6a dit, de l'homme : « **Tu l'as fait de peu inférieur à un dieu** »

Dieu crée une altérité à l'homme.

Gn 1, 27 : « **²⁷Et Dieu créa l'homme à son image ; il le créa à l'image de Dieu : il les créa mâle et femelle.** »

Dieu dit à l'homme et à la femme d'être féconds.

Sixième jour dans la Gn 1, 28 : « **²⁸Et Dieu les bénit, et leur dit : « Soyez féconds, multipliez, remplissez la terre et soumettez-la, et dominez sur les poissons de la mer, sur les oiseaux du ciel et sur tout animal qui se meut sur la terre.** »

Dieu crée les deux premiers humains au jardin d'Éden. L'homme est alors uni à Dieu. A ce moment là l'homme n'est pas mortel (ni aucune créature). Il le deviendra après le péché originel.

L'homme est à l'image de Dieu. L'homme participe de la vie divine dans le Fils. Le Fils est l'Être (avec le Père et le Saint-Esprit) et l'homme a l'être par participation de l'Être de Dieu.

Dieu est par essence, les autres sont par participation.

Adam et Ève sont créés esprits incarnés dans des corps sans la contrainte des lois physiques et biologiques.

Pour approcher la constitution d'origine d'Adam et Ève avant le péché originel nous pouvons étudier un « processus » approché inverse, la Résurrection de Jésus. Après la passion et la mort de son corps biologique, Jésus ressuscite dans un corps libéré des lois physiques et biologiques. Avec sa Résurrection, il a reçu les dons de corps spirituel (ou subtilité), de force (ou d'agilité), de gloire (ou de clarté), d'incorruptibilité (ou d'impassibilité).

Point de vue de l'église catholique

Selon l'Eglise, Adam et Ève, avant la chute, possèdent des dons « préternaturels » dont l'immortalité.

Trois conciles précisent ce point : Carthage en 418, Orange en 529, Trente (1545-1563). Selon ces conciles, Adam a été créé dans un état d'intégrité le préservant de la souffrance et de la mort.

1.2 Péché originel

Directive divine, commandement sur la connaissance

Gn 2, 15 : « ⁱ⁵YaHWeH Dieu prit l'homme et le plaça dans le jardin d'Éden pour le cultiver et le garder. »

Dieu donne à l'homme de dominer sur la création et de participer à la création. L'homme créé est innocent. Il ne connaît pas le mal. Le péché n'est donc pas ce qu'il y a de plus originel.

Après sa création, Dieu donne à l'homme une directive.

Gn 2, 16-17 : « **ⁱ⁶Et YaHWeH Dieu donna à l'homme cet ordre : « Tu peux manger de tous les arbres du jardin ; ⁱ⁷Mais tu ne mangeras pas de l'arbre de la connaissance du bien et du mal, car le jour où tu en mangeras, tu mourras certainement.** »

À l'origine l'homme, cœur et raison en parfaite symbiose, accède intuitivement à la Vérité. Elle lui est donnée car tout est participation et gratuité en Dieu. En Éden, l'homme est au seuil du Mystère, de l'entrée en vie éternelle dans le royaume de Dieu.

Pour subsister dans la première création, l'homme doit choisir l'arbre de vie et non l'arbre de la connaissance. Le choix de l'arbre de Vie, c'est le choix de Dieu, car la Vie est Dieu.

La connaissance du bien et du mal s'oppose au plan de Dieu, à la Vie. La connaissance est un avoir usurpé. Le monde spirituel, monde de gratuité, est offert et non donné à l'homme. L'homme doit partager la connaissance et non chercher à l'acquérir.

Dieu est infini dans ses perfections, dans sa bonté, dans le bien qu'il fait. Il ne peut connaître le mal. Si Dieu connaissait le mal, comme le connu est dans le sujet connaissant, cela voudrait dire que le mal est en Dieu. Cela ne se peut, car alors Dieu ne serait pas Dieu, infini en toutes ses perfections.

Dieu interdit la connaissance du bien et du mal à l'homme. Le bien, il l'a accordé gratuitement à ses créatures. Le mal, il ne veut pas que ses créatures le connaissent. Le mal amène l'esclavage, et l'esclavage apporte la perte d'être. Car il n'y a pas d'être sans liberté, et il n'y a pas de liberté sans vérité. Il n'y a pas d'être sans vérité. La Vérité est l'Être, le mensonge est un non être.

Action du mal

Satan a essayé de démolir le Créateur dans son prodige le plus grand, dans ce qui était le plus semblable à Lui. L'état de grâce des deux premiers humains dure peu car le serpent à l'affût s'élève contre eux. Le démon est furieux de voir la nature humaine, la beauté de l'âme et celle du corps d'Adam et d'Ève. Il enrage de les voir maîtres et souverains de tout le créé, de les voir espérer la vie éternelle. Il fulmine de l'amour paternel du Seigneur pour eux. Le démon veut leur ôter la vie mais Dieu l'en empêche. Le démon cherche à les faire déchoir de la grâce, à les rendre rebelles à leur Créateur.

Le démon épie les entretiens des deux premiers parents et sonde leurs naturels en rodant autour d'eux. Il insinue et s'insinue dans leurs esprits par la connaissance de leurs inclinations.

La femme est la plus sensible au spirituel. C'est sa richesse et sa fragilité.

Le démon décide de tenter la femme plus délicate et plus faible. Il sait qu'elle n'est pas aussi forte pour lui résister que l'homme. De plus il est indigné contre la femme depuis le signe qu'il a vu dans le ciel (apocalypse 12). Il lui envoie plusieurs pensées ou imaginations fortes pour la troubler en ses passions.

Gn 3, 1 : « **[1]Le serpent était le plus rusé de tous les animaux des champs que YaHWeH Dieu ait faits. Il dit à la femme : Est-ce que Dieu aurait dit : « Vous ne mangerez pas de tout arbre du jardin ? »**

Le serpent dit à la femme de façon fourbe en Gn 3, 1b : « **Est-ce que Dieu aurait dit : « Vous ne mangerez pas de tout arbre du jardin ? »** La phrase est interrogative et au conditionnel. Une affirmation aurait pu faire réagir Ève, en montrant l'écart avec ce qu'a dit Dieu. Mais le serpent est rusé, il utilise un conditionnel pour semer le doute et une interrogation pour orienter Ève vers sa réponse. La vérité est légèrement déformée pour la rendre absurde et donc pour mettre le doute. Le serpent met en plus de la distance entre l'homme et Dieu, le « tu » de Dieu adressé à l'homme devient « vous ». Le « **Tu ne mangeras pas de l'arbre de la connaissance** » de Gn 2, 17a devient « **Vous ne mangerez pas de tout arbre du jardin** » Gn 3, 1b.

Le serpent est rusé. Il transforme la vérité au lieu de dire : « Dieu a dit de ne pas manger de l'arbre de la connaissance », il dit avec une forme de conditionnel interrogatif : « Dieu aurait dit : « Vous ne mangerez pas de tout arbre du jardin ? » Le serpent est pernicieux. Il fait le « gentil ». Il amène Ève à se poser des questions en exagérant l'ordre de Dieu. Il n'attaque pas frontalement mais en finesse avec un conditionnel interrogatif.

Malheureusement la femme écoute. À partir du moment où elle écoute et répond, elle commence à donner une certaine créance aux dires du malin et finit par désobéir à Dieu.

Innocence d'Ève

Gn 3, 2-3 : « **²La femme répondit au serpent : « Nous mangeons du fruit des arbres du jardin. ³Mais du fruit de l'arbre qui est au milieu du jardin, Dieu a dit : Vous n'en mangerez point et vous n'y toucherez point, de peur que vous ne mouriez. »**

La femme est innocente. Elle ne connaît pas le mal, ne se méfie pas. Mais, elle a commencé à écouter, et elle prend connaissance du mal. Le connu étant dans le sujet connaissant, le mal s'insinue en elle.

La femme répond en toute bonne foi à la question que le serpent lui a posée. Elle peut manger des fruits de tous les arbres sauf de l'arbre qui est au milieu du jardin, car Dieu a prévenu du danger de mort.

Mensonge

Gn 3, 4-5 : « **⁴Le serpent dit à la femme : « Non vous ne mourrez point ; ⁵mais Dieu sait que, le jour où vous en mangerez, vos yeux s'ouvriront et vous serez comme Dieu, connaissant le bien et le mal. »**

Le serpent continue son œuvre, il passe de la vérité dévoyée au mensonge. Il dit à la femme le contraire de ce que dit Dieu : « **Vous ne mourrez pas** ». Le serpent poursuit dans son mensonge : « **vous serez comme Dieu, connaissant le bien et le mal** ». C'est même un double mensonge.

La Vérité est Dieu. Le fait de manger du fruit de l'arbre interdit rend mortel, au sens ou cela nous exclut de Dieu qui est la vie. Après la chute, l'homme perd l'accès à l'arbre de vie. Mais cette mort n'est pas éternelle car Dieu dans sa miséricorde, après la chute, crée le temps (et la matière, énergie, espace, causalité). Le temps va permettre le changement, l'avant et l'après, et surtout le rachat par l'incarnation passible du Verbe en Jésus, incarnation passible qui rendra possible la rédemption par la mort et la résurrection du Sauveur de l'humanité.

La Vérité est Dieu. Le serpent met un appât : « **vous serez comme Dieu** » Cette parole « être comme Dieu » est terrible. Dieu est Dieu, Créateur de tout ce qui est car il est le seul qui peut dire : « Je suis celui qui suis ». L'homme ne peut pas être comme Dieu et personne ne peut être comme Dieu, car Dieu est le seul qui est l'Être. Il est l'Être. « Être comme Dieu » revient à détrôner Dieu et donc à tuer « in fine » l'homme.

« **Connaissant le bien et le mal** » est un mensonge car Dieu ne connaît pas le mal. La raison en est que le connu est dans le sujet connaissant. Si Dieu connaissait le mal il ne serait pas le Dieu révélé par la Bible.

Si Dieu connaissait le mal, il connaîtrait son absence, car le mal est absence de bien et absence de Dieu. Si Dieu connaissait le mal il connaîtrait son absence et comme le connu est dans le sujet connaissant, Dieu serait son absence. Cela ne se peut pas, donc Dieu ne saurait connaître le mal.

La Vérité est donc si vous prenez du fruit de l'arbre de la connaissance vous mourez, car le mal exclut de Dieu qui est la Vie. Vos yeux s'ouvriront sur le mal, sur l'absence de Dieu et vous ne pourrez plus être en Dieu.

Le serpent, en fait, la créature diabolique, est montré comme l'animal le plus rusé. Il se dresse en paroles contre Dieu, en l'accusant de mensonge, et en paroles contre l'homme, en le poussant à la révolte contre la volonté de Dieu.

Chute
Gn 3, 6 : « ⁶**La femme vit que le fruit de l'arbre était bon à manger, agréable à la vue et désirable pour acquérir l'intelligence ; elle prit de son fruit et en mangea ; elle en donna aussi à son mari qui était avec elle, et il en mangea.** »

Ève prend le fruit de l'arbre de la connaissance et en fait prendre à l'homme car le serpent a dit à Ève qu'ils seront comme des dieux et qu'ils ne mourront pas contrairement à ce qu'avait dit Dieu. Elle persuade son mari à enfreindre la loi qu'ils avaient reçue. Ils perdent ainsi l'heureux état dans lequel le Très-Haut les avait mis.

Adam et Ève ignorent la parole de Dieu, c'est le mauvais choix originel, appelé péché originel. Si l'homme avait écouté Dieu au sens « sh'ma » : « écoute et obéis », il ne serait pas mort. Mais en refusant de se laisser diriger par l'Esprit de Dieu, il perd l'Esprit, c'est le cas de le dire. Il perd en partie la Ruah, le souffle de vic de Dieu, et devient mortel.

Lucifer est satisfait de la chute du premier homme et de la première femme, de la perte de leur beauté intérieure suite au péché, de la rupture de la relation de l'homme avec Dieu. Satan a voulu enlever à l'homme cette virginité de l'intelligence, et avec sa langue de serpent a flatté et caressé les membres et les yeux d'Ève en produisant des réflexes et une excitation que les premiers parents ne connaissaient pas parce que la malice ne les avait pas empoisonnés.

Connaissance du bien et du mal
L'homme désobéit à Dieu en mangeant du fruit de l'arbre de la connaissance du bien et du mal. Adam passe de l'innocence à la connaissance du bien et du mal. La connaissance par Adam du mal fait que celui-ci est en lui. Il s'exclut de la présence de Dieu.

Désormais la rupture est consommée entre Dieu et l'homme. En désobéissant à Dieu, ils deviennent indépendants de Dieu.

Exclusion de la présence de Dieu

Adam s'éprend de sa propre valeur et choisit de se préférer à Dieu. Adam a posé un acte libre de sa propre volonté.

Adam veut vivre une autonomie absolue par rapport à Dieu. En se revendiquant comme sujets autonomes, nos premiers parents ont rompu la communion relationnelle avec Dieu. Nos premiers parents ont choisis d'être quelqu'un indépendamment de Dieu. Ils ne sont pas restés dans la relation avec Dieu.

Le péché originel est une ingratitude. C'est la non reconnaissance du don gratuit de Dieu qui propose sa relation d'amour créatrice. C'est l'absence de réciprocité dans l'intensité de la relation.

Dieu n'est pas responsable de sa création car il a voulu l'homme libre. Dieu n'a commis qu'un acte d'Amour. L'homme décide et refuse de se tourner complètement vers Dieu. C'est l'unité rompue entre Dieu et l'homme. Dieu maintient l'homme dans l'être malgré sa désobéissance par respect de sa liberté. L'univers, que nous connaissons, est créé pour l'homme. Il lui appartiendra de choisir entre le bien et le mal, entre la vie avec Dieu ou la vie sans Dieu, entre la vie et la mort.

Le péché originel est la profondeur révélée de tous nos péchés. Le péché originel est une rupture avec Dieu, le monde, et les autres. L'homme a refusé la dépendance libératrice qui le reliait à Dieu son Père et le promettait au partage intime de la vie divine. Il a revendiqué une autonomie fausse, une autonomie non filiale. En voulant être autonome, l'homme s'est asservi.

La faute est consommée. La rupture avec Dieu est accomplie. Le drame de notre vie commence. Désormais nous sommes tombés du jardin d'Eden dans notre monde de souffrance et de mort, orphelins de Dieu notre Père. Mais la désespérance de cet état se transforme en folle espérance, car Dieu aime l'homme d'un amour incommensurable. Dieu va n'avoir de cesse de se faire trouver par l'homme. Dieu veut faire alliance avec l'homme.

Péché originel d'Adam et humanité

Le péché d'un seul homme peut-il en toute justice tomber sur tous les hommes ?

Le personnage d'Adam c'est chacun d'entre nous. Nous ratifions tous la révolte originelle. Le péché originel, c'est ce que nous faisons en tant que pécheur, nous préférer à Dieu. Le péché originel est la profondeur révélée de tous nos péchés. Le péché originel est une rupture avec Dieu, le monde, et les autres.

Péché et origine

« Le récit de la Genèse nous dit l'essentiel. Le péché se présente comme une désobéissance à un commandement très net de Dieu. Mais il y a beaucoup plus qu'une simple désobéissance. Tout est dans la motivation, c'est-à-dire dans le désir de l'homme de devenir comme Dieu par sa propre force. Ce qui était précisément le projet de Dieu pour un homme créé à son image et à sa ressemblance sous le mode du don gracieux devient l'objet d'une conquête. La vocation de l'homme à communier avec Dieu est devenue une tentation. Cette désobéissance repose sur une idée fausse de Dieu, exprimée dans le texte sous la forme de la tentation par excellence. Dieu est considéré comme un rival, comme celui qui interdit, bref un Dieu dont il est urgent de se débarrasser, afin de reprendre sa liberté et de se construire par soi-même. Le concile Vatican II interprète ainsi les choses : « L'homme, se laissant convaincre par le Malin, dès le début de l'histoire a abusé de sa liberté, en se dressant contre Dieu et en désirant atteindre sa fin en dehors de Dieu[5] *»*

---

[5] Bernard Sesboüé, Jésuite, GS n°13

Position de l'Église

Le concile de Trente enseigne que le péché originel est « un par son origine » (Adam) et est « transmis à tous (sauf Jésus et Marie) :

1. Adam le premier homme, a transgressé le commandement de Dieu dans le Paradis. Il est déchu de l'état de sainteté et de justice, dans lequel il avait été établi. Son péché de désobéissance a pour conséquence la mort et la captivité sous la puissance du Diable. Par cette offense, Adam, en son corps et son âme, est changé en un état pire qu'auparavant.

2. La péché originel d'Adam lui est préjudiciable ainsi qu'à sa postérité. Il a transmis au genre humain la mort et les peines du corps, et non pas le péché qui est la mort de l'âme.

3. Le péché d'Adam est Un dans sa source. Il est transmis à tous par la génération et devient propre à chacun. Il ne peut être effacé que par le mérite de Jésus-Christ Notre Seigneur, l'unique Médiateur qui nous a réconciliés par son sang, s'étant fait notre justice, notre sanctification, et notre rédemption.

4. Le baptême est pour la rémission des péchés, y compris le péché originel d'Adam.

Paul dit, que le péché est entré dans le monde par un seul homme, et la mort par le péché ; et qu'ainsi la mort est passée dans tous les hommes, tous ayant péché dans un seul (Romains 5, 12). Selon la tradition des Apôtres, même les petits enfants sans péché personnel, sont baptisés pour la rémission des péchés, afin que ce qu'ils ont contracté par la génération, soit lavé en eux, par la renaissance.

5. La grâce de notre Seigneur Jésus-Christ, conférée dans le Baptême, remet l'offense du péché originel et les péchés.

Le péché originel ne comprend pas la Bienheureuse et Immaculée Vierge Marie Mère de Dieu.

Pour le concile de Trente, le péché originel affecte la condition humaine dans son statut ontologique, c'est-à-dire dans son être même. La « propagation héréditaire » signifie que le péché originel atteint l'homme tel qu'il naît, dans sa nature même.

1.3 Conséquence du péché originel

Connaissance

Au jardin d'Éden, la relation continue avec Dieu permet à l'homme d'avoir accès à toute la connaissance. Le mode de connaissance est alors direct de présence à présence. La connaissance est intuitive directe et immédiate.

Certains de ceux qui font l'expérience de NDE[6] (ou EMI[7] en français) racontent qu'ils avaient de l'autre côté accès à toute la connaissance. Revenus dans « notre monde » cette connaissance leur est, comme pour tout humain voilée.

L'homme a goûté du fruit de l'arbre de la connaissance du bien et du mal. L'homme n'est plus unifié. Il est le siège d'un combat entre le bien et le mal, les deux voies exprimées dans Dt 30, 15 ou la Didaché[8]. L'homme ayant pris connaissance du mal, il s'exclut lui-même de l'unité totale avec Dieu car Dieu ne peut être approché par le mal.

La connaissance est limitée pour que tout ne soit pas donné d'emblée. L'amour de Dieu permet ainsi un processus éducatif par la sérialisation du temps. Nous entrons dans une succession d'instants, succession d'états de conscience, inscrivant une durée de vie. C'est cette connaissance progressive qui permet l'éducation de l'homme par Dieu. Notre connaissance progressive permet des choix multiples et successifs.

---

[6] Next death experience
[7] Expérience de mort imminente
[8] Doctrine du Seigneur transmise aux nations par les douze apôtres – Fin Ier Siècle, début IIème siècle

Acceptation du mal par Dieu

Si Dieu ne permettait pas le choix entre le bien et le mal, la vérité et l'erreur, l'être et le non-être, la participation à la vie divine où la vie par soi, il se renierait lui-même. L'Amour en effet ne s'impose jamais. L'Amour doit être aimé pour lui-même car il est Paternité, Gratuité, Unité, Respect de l'autre jusqu'à mourir à soi-même.

Aucun bien ne saurait manquer à Dieu qui est infini dans ses perfections. Le Bien est Dieu. Le bien est l'Être. Le mal n'est pas connu de Dieu. Le mal est un non Être.

JP II Lettre apostolique « Augustinum Hipponensem »
« Il (Augustin) comprit que, à propos de la grave question du mal, qui constituait son grand tourment, la première question à se poser n'était pas de savoir d'où il tirait son origine, mais en quoi il consistait, et il comprit que le mal n'est pas une substance mais une privation de bien : « Tout ce qui existe est bien, et le mal dont je cherchais l'origine n'est pas une substance ». Il en conclut : Donc Dieu est le créateur de toutes choses et il n'existe aucune substance qui n'ait pas été créée par lui.[9] »

Ouverture des yeux

En Gn 3, 7 : « **[7]Leurs yeux à tous deux s'ouvrirent et ils connurent qu'ils étaient nus ; et, ayant cousu des feuilles de figuier, ils s'en firent des ceintures.** »

Au verset 7 après avoir pris le fruit de l'arbre de la connaissance, l'homme et la femme se rendent compte qu'ils sont nus. Ils ont voulu être par eux-mêmes. Ils ont la connaissance d'eux-mêmes tels qu'ils sont et ils sont nus. Adam et Ève ne sont rien par rapport à Dieu. Dieu est l'Être, l'homme n'existe que par participation à l'Être de Dieu

L'homme et la femme se sont cachés derrière des feuilles espérant soustraire leur état de pécheur derrière une apparence. Mais Dieu voit au-delà des apparences, il connaît chaque être.

---

[9] D'après « les confessions » de Saint Augustin

Condamnation du serpent

Gn 3, 14 : « **YaHWeH Dieu dit au serpent : « Parce que tu as fait cela, tu es maudit entre tous les animaux domestiques et toutes les bêtes des champs ; tu marcheras dans la poussière tous les jours de ta vie.** » Le serpent qui représente Satan est condamné.

Gn 3, 15 : « **Et je mettrai une inimitié entre toi et la femme, entre ta postérité et sa postérité ; celle-ci te meurtrira à la tête, et tu la meurtriras au talon.** »

Il y a une hostilité particulière entre le Malin et la femme, celle-ci est le lieu d'un combat spirituel. La femme est plus sensible au spirituel que l'homme. Il y a une hostilité entre la postérité du serpent, les anges déchus, et la postérité de la femme, l'humanité. La femme est aussi Marie, la Mère du Verbe, que l'ange déchu a vu dans le ciel (Apocalypse 12). Une hostilité particulière du serpent existe envers Marie. Elle n'est pas atteinte par le péché. Elle est libre de toute entrave du péché. Le Malin n'a pas d'emprise sur Marie qui est sans péché.

Marie meurtrit le serpent à la tête, car elle est sans péché. Elle donne dans son « oui » à Dieu, Jésus, qui remporte par sa mort et sa résurrection la victoire totale sur les forces du mal. Le serpent meurtrit Marie au talon car elle vit la passion et la mort de son Fils.

Ce passage peut être vu comme la **première prophétie messianique**. La traduction littérale du mot hébreu « zar'achah » donne à la place de postérité : « entre ta semence et la sienne ». La semence que sème le semeur est une graine déjà fécondée. La semence de la femme est apparemment un contre-sens. Mais Marie attendra Jésus sans intervention de l'homme, parce que le Saint-Esprit la couvre de son ombre (Lc 1, 26-38).

Le mot descendance en hébreu est féminin et le mot hébreu « hu » signifie « Il ». Il aurait donc fallu mettre « Elle » au lieu de « il ». Nous avons littéralement : « Il t'écrasera la tête ». Les sages d'Israël ont dit le Saint-Esprit ne fait pas de faute de grammaire donc il y a un message messianique. La femme « Ève » la vivante ou la vivifiante est la mère de tous les vivants. L'humanité ne peut pas se sauver elle-même, c'est le Messie qui la sauvera. Le Messie écrasera la tête du serpent. Mais pour cela il faudra payer un prix. « et Tu lui blesseras le talon ». Les pères de l'église ont vu dans ce talon une prophétie de la croix.

Condamnation de la femme et de l'homme

En Gn 3, 16 : « **À la femme il dit : « Je multiplierai tes souffrances, et spécialement celles de ta grossesse ; tu enfanteras des fils dans la douleur ; ton désir te portera vers ton mari, et il dominera sur toi. »**

La femme, être de relation, est atteinte dans ses relations à ses enfants, à son mari. C'est la douleur d'être mère, qui ne concerne pas uniquement l'enfantement physique. C'est le désir, l'attente, la dépendance à l'homme.

En Gn 3, 17-19 : « **[17]Il dit à l'homme : « Parce que tu as écouté la voix de la femme, et que tu as mangé de l'arbre au sujet duquel je t'avais donné cet ordre : Tu n'en mangeras pas, le sol est maudit à cause de toi. C'est par un travail pénible que tu en tireras ta nourriture, [18]tous les jours de ta vie ; il te produira des épines et des chardons, et tu mangeras l'herbe des champs. [19]C'est à la sueur de ton visage que tu mangeras du pain, jusqu'à ce que tu retournes à la terre, parce que c'est d'elle que tu as été pris ; car tu es poussière et tu retourneras à la poussière. »**

L'homme est atteint dans sa vocation, dans son rapport à la nature qui devient hostile. Adam n'est pas la cause de notre malheur. Le premier homme, c'est chacun de nous lorsque nous nous préférons à Dieu, c'est chacun de nous en tant que pécheur.

1.4 Changement d'état, homme et création

Limitation de l'homme nommé
De l'innommable au nommable

Avant la chute l'homme et la femme ne sont pas nommés. S'ils ne sont pas nommés, n'est-ce pas parce qu'ils ne sont pas nommables ? Ils sont purs êtres humains dotés de dons préternaturels. Ils sont relations avec Dieu et la vie circule entre Dieu et l'homme. Ils participent de l'essence divine qui ne connaît pas de limite. Ceci ne permet pas de les « restreindre » dans un nom.

Gn 3, 20 : « **Adam donna à sa femme le nom d'Ève, parce qu'elle a été la mère de tous les vivants.** »

Après la chute, l'homme et la femme deviennent nommables parce qu'ils se sont réduits à leur terme au lieu d'être relation avec Dieu, participants de l'essence divine.

Après la chute, dans leur nom même, Adam et Ève vont porter leur propre condamnation.

En Hébreu le mot Adam est un diminutif du mot terre. Dieu a condamné Adam qui a été tiré de la terre à y retourner en poussière.

En Hébreu le mot Ève signifie la vivante. Dieu a condamné Ève à enfanter dans la douleur.

Tunique de peau
Tunique de peau et corps

Gn 3, 21 : « **YaHWeH Dieu fit à Adam et à sa femme des tuniques de peau et les en revêtit.** ».

La conséquence de la révolte des deux premiers humains contre Dieu, c'est qu'ils perdent les quatre dons préternaturels. Parmi ces dons, ils perdent le vêtement de lumière. La gloire de Dieu les abandonne.

Dieu fait à Adam et à sa femme des tuniques de peau alors que ces derniers se sont déjà couverts de feuilles de figuier au verset 7.

La tunique de peau n'est pas un vêtement mais elle est le corps biologique. Dieu revêt les premières personnes de leur tunique de peau, c'est-à-dire du personnage de chair et de sang. L'homme se retrouve dans un corps de chair et de sang. Son corps est limité dans les possibilités de connaissance et il est mortel.

Avant la chute, Dieu crée la personne humaine dotée de dons préternaturels (présence spirituelle, âme, corps impassible) à son image, et selon sa volonté. Après la chute, Dieu réalise le corps mortel (vêtement de peau) qui n'est pas à sa ressemblance, mais qui est selon la volonté de l'homme dans son désir d'autonomie. Dieu donne ce vêtement de peau à la sortie de l'Éden. L'être du jardin d'Éden devient un devenir d'être dans le monde sensible que nous connaissons.

Expérience de mort imminente

Certaines personnes font des expériences de mort imminente suite à un accident ou à un problème de santé. Ces personnes revenant d'une EMI (NDE en anglais) racontent, pour la plupart, des expériences similaires. Elles quittent leur corps, se déplacent dans une sorte de couloir sombre vers une lumière. Elles vivent alors un temps fort et unique dans la lumière. En revenant dans leur corps elles ont l'impression de revenir en prison. Ce retour s'apparente à s'habiller dans un vêtement étriqué, trop étroit.

<u>Pertes des dons préternaturels</u>

Pour approcher le changement de notre condition après le péché originel, nous pouvons étudier un « processus » approché inverse, la résurrection de Jésus avec les dons de corps spirituel, de force, de gloire, et d'impassibilité.

Perte du don du corps spirituel ou de subtilité

Saint Paul nous dit du corps ressuscité en 1 Co 15, 44 : **« semé corps animal, il ressuscite corps spirituel »**

Le don du corps spirituel, c'est le don de pénétrer les autres corps sans rencontrer aucune résistance.

Après la chute nous sommes soumis au principe d'exclusion de Pauli. Chaque être matérialisé occupe une place spécifique dans l'espace-temps. Nous ne pouvons plus être en même temps, et au même endroit qu'un autre corps.

Perte du don de force ou d'agilité
Saint Paul nous dit du corps ressuscité en 1 Co 15, 43b : « **semé dans la faiblesse, il ressuscite plein de force** ».

Le don de force, c'est le don d'être affranchi de la masse (inerte et pesante) de la matière.

Nous sommes soumis dans notre corps aux lois physiques. Nous sommes limités par la masse de la matière. Nous ne pouvons pas nous déplacer sans énergie, ni dans les airs, ni horizontalement instantanément d'un lieu à un autre.

Perte du don de gloire ou de clarté
Saint Paul nous dit du corps ressuscité en 1 Co 15, 43a : « **semé dans l'ignominie, il ressuscite glorieux** »

Le don de gloire, c'est le don qui fait resplendir les corps glorieux.

Après la chute, suite à sa désobéissance, l'homme n'est plus dans l'intimité avec Dieu. Par son acte libre il s'est exclu de l'Un avec Dieu (être) et en Dieu (essence). En raison de son choix, l'homme s'exclut lui-même de la participation à la gloire de Dieu.

Après la chute, nous passons d'un corps glorieux et lumineux par participation de l'essence même de Dieu à un corps matérialisé qui devra recevoir sa lumière de l'extérieur. Dès lors notre apparence est différente.

Arbre de Vie
Arbre de vie, parole de Dieu
Gn 3, 22 : « **[22]Et YaHWeH Dieu dit : « Voici que l'homme est devenu comme l'un de nous, par la connaissance du bien et du mal. Maintenant qu'il n'avance pas sa main, qu'il ne prenne pas aussi de l'arbre de vie, pour en manger et vivre éternellement.** »

Sg 1, 13-15 : « **[13]Car Dieu n'a pas fait la mort, et il n'éprouve pas de joie de la perte des vivants. [14]Il a créé toute chose pour la vie ; les créatures du monde sont salutaires ; il y a en elles aucun principe de destruction, et la mort n'a pas d'empire sur la terre. [15]Car la justice est immortelle.** »

Sg 2, 23-25 : « **²³Car Dieu a créé l'homme pour l'immortalité, il l'a fait à l'image de sa propre nature. ²⁴C'est par l'envie du diable que la mort est venue dans le monde ; ²⁵ils en feront l'expérience, ceux qui lui appartiennent.** »

Rm 5, 12 : « **Aussi, tout comme c'est par un seul homme que le péché est entré dans le monde, et par le péché la mort, et qu'ainsi la mort a atteint tous les hommes, parce que tous ont péché…** »

Dieu n'a pas fait la mort. L'homme, en prenant le fruit défendu de la connaissance du bien et du mal, perd l'accès à l'arbre de vie. Sa désobéissance à Dieu, fait perdre à l'homme sa relation à Dieu qui est l'Être et la Vie.

Perte du don d'incorruptibilité ou d'impassibilité

Saint Paul nous dit du corps ressuscité en 1 Co 15, 42b : « **Semé dans la corruption, le corps ressuscite, incorruptible** »

L'impassibilité, c'est le don d'immortalité du corps.

La chute entraîne la passibilité car chaque personne est changeante dans son être. Elle subit la souffrance, la corruption ou la décomposition. La chute entraîne la durée et le temps car chaque personne a un commencement, et une fin.

L'homme entre dans le monde temporel et causal en devenant passible ce qui permet le changement.

Catéchisme orthodoxe

Le catéchisme orthodoxe explique que la mort est à la fois la conséquence de la chute et un remède contre le mal car elle empêche le mal de devenir éternel et la vie de l'homme de devenir un enfer définitif. C'et pourquoi l'Arbre de Vie est désormais protégé par les chérubins et la flamme de leur glaive fulgurant. (Dieu est Vivant - catéchisme pour les familles – cerf p. 30)

Sortie du jardin d'Éden

Gn 3, 23-24 : « **²³Et YaHWeH Dieu le fit sortir du jardin d'Éden, pour qu'il cultivât la terre d'où il avait été pris. ²⁴Et il chassa l'homme, et il mit à l'orient du jardin d'Éden les Chérubins et la flamme de l'épée tournoyante, pour garder le chemin de l'arbre de vie.** »

En conséquence du péché, l'homme est exilé du jardin d'Éden vers l'univers où nous nous trouvons.

Invention du temps, chemin du salut

Les anges ont eu une connaissance suffisante pour faire un choix définitif dans leur positionnement par rapport à Dieu.

Suite au péché originel de l'homme, Dieu invente le temps rendant possible le salut à l'homme. Le temps permet des changements d'états de conscience. Il donne à l'homme la possibilité de choix multiples et successifs. Le temps est retardement dans la connaissance. Il est retardement dans le positionnement par rapport à Dieu.

Bergson dans une lumineuse intuition disait d'ailleurs :

« *À quoi sert le temps ?... le temps est ce qui empêche que tout soit donné d'un seul coup. Il retarde, ou plutôt il est retardement. Il doit donc être élaboration. Ne serait-il pas alors le véhicule de création et de choix ? L'existence du temps ne prouverait-elle pas qu'il y a de l'indétermination dans les choses ?* [10] »

Les scientifiques réfléchissent aussi sur le temps.

« *... le temps est un effet de notre ignorance des détails du monde. Si nous connaissions parfaitement tous les détails du monde, nous n'aurions pas la sensation de l'écoulement du temps. J'ai beaucoup travaillé sur cette idée et sur l'idée mathématique qui la soutient ; celle ci doit montrer comment des phénomènes typiques liés au passage du temps peuvent émerger d'un monde atemporel, lorsque nous en avons une connaissance limitée.* [11] »

---

[10] « Le possible et le réel » H. Bergson, Paris PUF éditions du Centenaire 1970, page 1333
[11] Carlo Rovelli, Directeur de recherche au CNRS au Centre de Physique Théorique de Luminy à Marseille, auteur de « Et si le temps n'existait pas ».

« Le passage du temps est du à notre connaissance fondamentalement partielle de la réalité[12] »

« L'aléa quantique est le tic-tac de l'horloge divine » Alain Connes

Les personnes qui vivent une expérience « d'effusion du Saint-Esprit » sont comme hors du temps. Elles ressentent une paix, une joie, un amour de Dieu, qu'elles n'ont jamais connu et qu'elles ne connaîtront, le plus souvent, jamais plus sur cette terre. Cet état est un avant-goût atténué du paradis.

Au paradis, le temps n'a pas besoin de s'écouler car il n'y a pas de changements d'états de conscience. Nous sommes alors immuables comme Dieu. C'est l'éternel présent ou le présent éternel. C'est notre appel dans la vie divine.

L'homme est un être libre à l'image de Dieu. Le mauvais choix de l'homme conduit Dieu à déclencher l'écoulement du temps. L'histoire de l'humanité va commencer. Seul l'homme a une histoire, un devenir. L'histoire est un enchaînement de décisions libre de l'homme dans un laps de temps d'une vie qui conduit l'homme déchu de l'être au devenir. L'homme est appelé par ses bons choix vers un sabbat, une nouvelle terre, un nouveau ciel. L'homme est sur cette terre en exil du jardin d'Eden, et en marche vers le retour au royaume de Dieu.

Nouveau monde

La création d'origine, avant le péché originel, est en dehors du temps. Pour Dieu le temps n'existe pas. Il est immuable, le même hier, aujourd'hui éternellement.

La conséquence du péché originel est la perte des dons préternaturels pour le premier homme et la première femme.

La conséquence du péché originel est la dégradation de la création d'origine en notre univers.

Quelle est l'histoire de notre univers ?

Les sciences s'efforcent d'expliquer l'évolution de l'univers jusqu'à aujourd'hui. Trois étapes importantes posent question.

---

[12] Alain Connes « temps et aléa quantique » conférence à l'IHES du 14 avril 2015

Émergence de quelque chose à partir de rien

Le Big-bang et la grande inflation sont le début de notre univers. Une énergie colossale émane de l'espace de Planck et du temps de Planck quantités minuscules. À partir de ces dimensions les lois physiques s'appliquent.

L'énergie colossale d'origine va se répandre dans l'univers avec la grande inflation. En même temps que cet événement, les métriques d'espace et de temps se déploient. L'énergie va se transformer en matière et antimatière, mais la matière va être prépondérante.

Nous pouvons dire que l'univers est constitué d'énergie et de matière, d'espace et de temps. La dynamique de l'univers est régie par le principe de causalité lié au temps qui stipule que la cause précède l'effet.

Émergence de la vie à partir de l'inerte

Il y a ensuite l'apparition de la première cellule vivante.

La science n'engage plus de recherche pour constituer la première cellule vivante. La complexité est d'abord de réaliser les principaux constituants de la cellule : protéine, ribosome, enzyme. Elle est ensuite dans les codes génétiques ARB et ADN. Elle est enfin dans le mouvement et le métabolisme de la vie interne à la première cellule et dans ses relations avec l'environnement.

Émergence de l'intelligence-volonté-liberté à partir du vivant

Au sein du règne animal surgit enfin l'homme. Un être commence à penser au-delà de l'apparence des choses et des êtres, à se penser lui-même. Un être commence à penser au sens de ce qui est, à un transcendant qui donne sens à ce qui est.

L'homme se caractérise par rapport au simple vivant par :
- sa liberté et donc sa responsabilité ;
- son recul par rapport à l'environnement ;
- ses connaissances, ses créations, ses actions vers les autres ;
- ses rites funéraires et sa conscience d'une vie après la mort.

Tous les humains descendent d'un premier homme et d'une première femme comme nous le confirme les études de Spencer Wells sur l'ADN-Y et l'ADN-mt.

Les deux premiers humains engendrent toute l'humanité. Il y a une unité absolue de toute l'humanité. Le monogénisme est scientifiquement hautement probable.

Après le péché originel, Adam et Ève sont chassés du Jardin d'Éden et se retrouvent sur notre terre comme les premiers humains. Il faut admettre une intervention explicite de Dieu pour créer l'âme et sortir l'homme de l'animalité. Ils deviennent autonomes par rapport à Dieu selon leur volonté manifestée par le péché originel.

Dieu et l'univers

La rébellion angélique et humaine est seule à même d'expliquer le monde dans lequel nous vivons. Sans cela Dieu et le monde sont incompatibles. Nous ne pouvons expliquer de façon satisfaisante un Dieu bon et un monde en proie au mal, à la souffrance, et à la mort.

Nous naissons tous dans le péché originel. Il emprisonne l'univers dans les lois physiques. Il emprisonne le vivant dans les lois biologiques. Il emprisonne l'homme dans le monde du combat entre le bien et le mal. Comme le dit la Didaché[13], l'homme a le choix entre deux voies, celle de la vie ou celle de la mort (Dt 30, 15).

Dieu laisse les humains libres de Dieu. L'homme sera libre de chercher Dieu ou de l'ignorer. L'homme sera libre d'appeler Dieu à intervenir ou de faire sans lui. Dieu n'est pas absent si on l'appelle.

Dieu n'abandonne pas l'homme. La grâce de son amour est toujours un possible pour l'homme. La vision béatifique n'est pas exclue au terme de sa vie.

Le péché originel empêche Dieu de porter à son achèvement une nature humaine intègre et harmonieuse. Dieu devra rejoindre l'homme en s'incarnant dans un corps passible et mortel. Bien plus, prenant sur lui les conséquences de notre péché, il devra descendre jusque dans la mort venir y chercher l'homme.

---

[13] Document écrit vers la fin du Ier siècle ou au début du IIème siècle – Titre du manuscrit retrouvé : « Doctrine du Seigneur transmise aux nations par les douze apôtres »

2 Vie, enseignement, mort de Jésus

2.1 Vie et dons temporaires du ressuscité

Dons du ressuscité

Jésus-Christ meurt le vendredi 14 Nisan de l'an 30 à 15h00. Mais le dimanche à l'aube, l'Esprit de Jésus revient dans son corps et le réanime. Il est alors revêtu de quatre dons qui le libèrent des lois physiques et biologiques.

Dans la première épître aux Corinthiens Saint Paul nous parle des propriétés du corps ressuscité.

1Co 15, 42-44 : « **^{42}Ainsi en est-il pour la résurrection des morts. Semé dans la corruption, le corps ressuscite, incorruptible ; ^{43}semé dans l'ignominie, il ressuscite glorieux ; semé dans la faiblesse, il ressuscite plein de force ; ^{44}semé corps animal, il ressuscite corps spirituel.** »

Jésus va anticiper temporairement trois de ces dons de son vivant.

Don temporaire de corps spirituel de Jésus avant sa mort

Is 7, 14 : « **C'est pourquoi le Seigneur lui-même vous donnera un signe : Voici que la vierge a conçu, et elle enfante un fils, et elle lui donne le nom d'Emmanuel.** »

Dieu donne un signe : la Vierge va concevoir et enfanter. Ce n'est pas une Vierge mais la Vierge unique. En hébreu, ce sont des participes présents : Marie reste vierge en concevant et en enfantant.

Is 66, 7-8 : « **^{7}Avant d'être en travail, elle a enfanté ; avant que les douleurs lui vinssent, elle a mis au monde un enfant mâle.** ».

Isaïe annonce une naissance sans travail et sans douleur. Marie est vierge de tout péché y compris du péché originel elle n'a donc pas à souffrir les douleurs de l'enfantement (Gn 3, 16).

Pro évangile de Jacques 18 : « Et il (Joseph) trouva là une grotte, l'y introduisit, mit près d'elle ses fils et sortit chercher une sage-femme juive dans la région de Bethléem. »

Pro évangile de Jacques 19 : « Et elle (sage-femme) partit avec lui (Joseph), et ils s'arrêtèrent à l'endroit de la grotte. Et une nuée obscure couvrait la grotte. Et la sage-femme dit : « Mon âme a été exaltée aujourd'hui, car mes yeux ont vu des choses merveilleuses aujourd'hui : que le salut est né pour Israël. » Et aussitôt la nuée commença à se retirer de la grotte et une grande lumière apparut dans la grotte, de sorte que les yeux ne pouvaient la supporter. Et peu à peu cette lumière se mit à se retirer jusqu'à ce qu'apparût un petit enfant ; et il vint prendre le sein de sa mère Marie. Et la sage-femme poussa un cri et dit : « Comme il est grand pour moi, le jour d'aujourd'hui : c'est que j'ai vu cette merveille inouïe. » Et la sage-femme sortit de la grotte, et Salomé la rencontra. Et elle lui dit : « Salomé, Salomé, j'ai à te raconter une merveille inouïe : une vierge a mis au monde, ce dont sa nature n'est pas capable. » Et Salomé dit : « Aussi vrai que vit le Seigneur mon Dieu, si je n'y mets mon doigt et si je n'examine sa nature, je ne croirai jamais qu'une vierge ait enfanté. »**

La naissance de Jésus se produit de façon miraculeuse. Après la naissance, Marie est donc toujours vierge.

Le nouveau-né Jésus passe au travers du corps de Marie par la propriété du corps spirituel. Par cette propriété le corps n'est plus arrêté par un obstacle physique.

Au Concile du Latran, en 649, le Pape Martin Ier, a proclamé le dogme de la Virginité perpétuelle de Marie. Marie fut toujours vierge, aussi bien avant la naissance de son divin fils qu'après.

Don temporaire de force de Jésus avant sa mort

Mt 14, 22-33 : « ²²Aussitôt il obligea les disciples à monter dans la barque et à passer avant lui sur l'autre rive pendant qu'il renverrait les foules. ²³Quand il eut renvoyé les foules, il monta dans la montagne pour prier à l'écart ; et, le soir venu, il était là seul. ²⁴Or, la barque était déjà à plusieurs stades de la terre, battue par les vagues, car le vent était contraire. ²⁵À la quatrième veille de la nuit, il vint vers eux en marchant sur la mer. ²⁶Les disciples, le voyant marcher sur la mer, furent troublés et dirent : « C'est un fantôme ! » et ils poussèrent des cris de frayeur. ²⁷Aussitôt Jésus parla, leur disant : « Prenez confiance, c'est moi, ne craignez point. » ²⁸Pierre prenant la parole : « Seigneur, dit-il, si c'est vous, ordonnez que j'aille à vous sur les eaux. ²⁹Il lui dit : « Viens ! » et Pierre, étant sorti de la barque, marcha sur les eaux pour aller à Jésus. ³⁰Mais, voyant la violence du vent, il eut peur, et comme il commençait à enfoncer, il s'écria : « Seigneur, sauvez-moi ! » ³¹Aussitôt Jésus étendit la main, le saisit et lui dit : « Homme de peu de foi, pourquoi as-tu douté ? » ³²Et lorsqu'ils furent montés dans la barque, le vent cessa. ³³Alors ceux qui étaient dans la barque se prosternèrent devant lui, disant : « Vous êtes vraiment le Fils de Dieu. »

Jésus envoie ses disciples pour aller sur l'autre rive. Pendant ce temps, Jésus renvoie les foules et se retire dans la montagne pour prier. Puis Jésus va vers eux.

Jésus se déplace instantanément, d'un point à un autre, anticipant le don de force. Ce don le libère de la masse inerte.

Jésus marche sur l'eau anticipant temporairement le don de force. Ce don le libère de la masse pesante. Le corps de Jésus n'est plus temporairement soumis à la pesanteur.

Don temporaire de gloire de Jésus avant sa mort
Don de gloire

Le récit de la transfiguration se trouve en Matthieu 17, 1-8, en Marc 9, 2-8 et en Luc 9, 28-36.

Trois apôtres ont vu le Christ en gloire lors de la transfiguration.

Mt 17, 1-9 : « ¹Six jours après, Jésus prend avec lui Pierre, Jacques et Jean son frère, et il les emmène à l'écart sur une haute montagne. ²Et il se transfigura devant eux : son visage resplendit comme le soleil, et ses vêtements devinrent blancs comme la lumière. ³Et voilà que Moïse et Elie leur apparurent, conversant avec lui. ⁴Prenant la parole, Pierre dit à Jésus : « Seigneur, il nous est bon d'être ici ; si vous le voulez, je ferai ici trois tentes, une pour vous, une pour Moïse et une pour Elie. » ⁵Il parlait encore, lorsqu'une nuée lumineuse les couvrit, et voilà que du sein de la nuée une voix dit : « Celui-ci est mon Fils bien-aimé, en qui j'ai mis mes complaisances : écoutez-le. » ⁶En entendant, les disciples tombèrent la face contre terre et furent saisis d'une grande frayeur. ⁷Et Jésus, s'approchant, les toucha et dit : « Levez-vous, ne craignez point. » ⁸Levant les yeux, ils ne virent que Jésus seul. ⁹Comme ils descendaient de la montagne, Jésus leur donna ce commandement : « Ne parlez à personne de cette vision, jusqu'à ce que le Fils de l'homme soit ressuscité des morts. »

La gloire du Fils de l'homme montre qu'il est Fils de Dieu. C'est la gloire du Christ ressuscité. Il a vaincu par sa mort et sa résurrection, les forces des ténèbres y compris la mort.

Mc 9, 2-10 : « ²Six jours après, Jésus prend avec lui Pierre, Jacques et Jean, et les emmène seuls, à l'écart, sur une haute montagne. Et il se transfigura devant eux. ³Ses vêtements devinrent étincelants, tout blancs, tels qu'aucun foulon de la terre ne saurait blanchir ainsi. ⁴Et Elie leur apparut avec Moïse, conversant avec Jésus. ⁵Pierre, prenant la parole, dit à Jésus : « Rabbi, il nous est bon d'être ici ; faisons trois tentes, une pour vous, une pour Moïse, et une pour Elie. » ⁶Il ne savait en effet quoi dire, l'effroi les ayant saisis. ⁷Et il se fit une nuée qui les couvrit de son ombre, et de la nuée se fit entendre une voix : « Celui-ci est mon Fils bien-aimé : écoutez-le. » ⁸Aussitôt, regardant tout autour, ils ne virent plus personne que Jésus, seul avec eux. ⁹Comme ils descendaient de la montagne, il leur dit commandement de ne raconter à personne ce qu'il avait vu, sinon quand le Fils de l'homme serait ressuscité des morts. ¹⁰Et ils gardèrent pour eux la chose, tout en se demandant entre eux ce que signifiait « ressusciter des morts ».

Lc 9, 28-36 : ²⁸Il se passa environ huit jours après qu'il eut dit ces paroles, et, prenant avec lui Pierre, Jean et Jacques, il monta sur la montagne pour prier. ²⁹Pendant qu'il priait, l'aspect de son visage devint autre, et son vêtement d'un blanc éblouissant. ³⁰Et voilà que deux hommes conversaient avec lui : c'étaient Moïse et Élie, ³¹qui, apparaissant en gloire, parlaient de sa mort qu'il devait accomplir à Jérusalem. ³²Pierre et ses compagnons étaient accablés de sommeil ; mais, s'étant réveillés, ils virent sa gloire et les deux hommes qui se tenaient avec lui. ³³Or, comme ils se séparaient de lui, Pierre dit à Jésus : « Maître, il nous est bon d'être ici ; faisons trois tentes : une pour vous, une pour Moïse et une pour Élie, » ne sachant pas ce qu'il disait. ³⁴Comme il disait cela, il se fit une nuée qui les couvrit de son ombre ; et ils furent saisis de frayeur tandis qu'ils entraient dans la nuée. ³⁵Et de la nuée se fit entendre une voix qui disait : « Celui-ci est mon Fils élu : écoutez-le. » ³⁶Pendant que la voix parlait, Jésus se trouva seul. Et ils gardèrent le silence, et ils ne racontèrent rien à personne, en ce temps-là, de ce qu'ils avaient vu. »

Lors de la transfiguration, Jésus se montre à Pierre, Jacques et Jean dans un corps glorieux, son visage resplendit comme le soleil et ses vêtements devinrent blancs comme la lumière (Matthieu 17, 2).

A la transfiguration Jésus se montre en ressuscité pour préparer à sa mort et à sa Résurrection.

Après la résurrection, les apôtres pourront parler de la transfiguration. L'évènement de la transfiguration et celui de la résurrection sont liés. La transfiguration est une anticipation du Christ ressuscité, du Christ vainqueur, du Christ en gloire.

Luc nous dit que l'aspect du visage de Jésus devint autre. Après la Résurrection, nous verrons que Marie-Madeleine, les disciples d'Emmaüs et même les apôtres ne reconnaissent par Jésus. Le visage de Jésus ressuscité est différent mais ils portent les traces de la passion.

La transfiguration est une aide pour Pierre, Jacques et Jean afin de reconnaître Jésus lorsque la résurrection se produira. Le ressuscité avec le don de gloire est à la fois le même et tout autre, au point que les disciples ne le reconnaîtront pas tout de suite après sa Résurrection.

Accomplissement de la Loi et réalisation des prophéties
Jésus accomplit la loi (Matthieu 5, 17) par le commandement qui la synthétise et la transcende.

Matthieu 22, 37-40 : « **^{31}il (Jésus) lui dit : « Tu aimeras le Seigneur ton Dieu de tout ton cœur, de toute ton âme et de tout ton esprit. ^{38}C'est là le plus grand et le premier commandement. ^{39}Un second lui est égal : Tu aimeras ton proche comme toi-même. ^{40}En ces deux commandements tient toute la Loi et les Prophètes. »**

Jésus réalise toutes les prophéties le concernant.

Don temporaire d'impassibilité de Jésus avant sa mort
Jésus est venu pour accomplir la volonté du Père par sa mort. Le don d'impassibilité est donc suspendu pendant sa vie terrestre. Jésus devait par sa mort et sa résurrection nous mériter le salut.

2.2 Enseignement hors normes

Parole unique et considérable

Les pharisiens avec les grands prêtres envoient des satellites pour appréhender Jésus (Jn 7, 32). Ces derniers reviennent sans avoir arrêté Jésus en disant : « **Jamais homme n'a parlé comme parle cet homme** ». Jésus est donc un homme unique par son enseignement.

Jn 7, 45-53 : « **⁴⁵Les satellites revinrent donc vers les grands prêtres et les Pharisiens, qui leur dirent : « Pourquoi ne l'avez-vous pas amené ? » ⁴⁶Les satellites répondirent : « Jamais homme n'a parlé comme parle cet homme. »**

Jésus donne des paroles qui resteront à jamais. C'est ce que témoigne l'apôtre Matthieu. Matthieu 24, 35 : « **Le ciel et la terre passeront, mais mes paroles ne passeront point** ».

De rabbin Hillel au Messie juif Jésus

Hillel, président du Sanhédrin pendant une vingtaine d'année, est comparé dans la tradition rabbinique à Esdras et à Moïse.

Un homme demande à Hillel : « *Quel est le sens de la Torah* ». Hillel lui répond : « *Ce que tu ne voudrais pas que l'on te fît, ne l'inflige pas à autrui. C'est là toute la Torah, le reste n'est que commentaire. Maintenant, va et étudie.* »

Jésus reprend la règle d'or en la positivant.

Mt 7, 12 : « **Donc, tout ce que vous voulez que les hommes vous fassent, faites-le aussi pour eux ; car c'est la Loi et les Prophètes.** »

Message de l'annonce

Jésus est venu annoncer tout simplement Dieu ! Mais Jésus annonce un Dieu vivant qui parle à travers sa parole. Il nous annonce que nous pouvons avoir une relation personnelle avec ce Dieu. Il nous annonce un Dieu qui agit dans l'histoire des hommes.

Le message central de l'Évangile c'est de se convertir car le royaume de Dieu est proche. « Règne » ou « royaume de Dieu » apparaît 122 fois dans le NT...

L'annonce du royaume de Dieu n'est pas qu'une annonce eschatologique. Le royaume de Dieu est présent par Jésus et par son action dans l'Esprit-Saint. Le royaume de Dieu est voilé par notre monde. Jésus dit explicitement l'existence de deux mondes, le monde d'en bas où nous sommes, et le monde d'en haut où nous serons avec la grâce de Dieu.

Jn 8, 23 : « **Et il (Jésus) leur dit : « Vous, vous êtes d'en bas ; moi, je suis d'en haut. Vous vous êtes de ce monde ; moi, je ne suis pas de ce monde.** »

Le royaume de Dieu est au-dedans de vous dit le Seigneur. Dieu est au-dedans de nous si, comme des enfants, nous acceptons de dépendre de Dieu…

Lc 17, 20-21 : « **[20]Interrogé par les Pharisiens : « Quand vient le royaume de Dieu ? » il leur répondit disant : « Le royaume de Dieu ne vient pas avec des signes à observer ; [21]et on ne dira pas : « Il est ici ! » ou : « Il est là ! » car voici que le royaume de Dieu est au-dedans de vous.** »

L'homme doit laisser le levain faire son œuvre en lui. L'homme est participant dans sa liberté à sa transformation par Dieu. Le royaume de Dieu existe et est Dieu. L'homme est en devenir par la grâce sanctifiante. L'homme est appelé à faire partie du royaume de Dieu.

Exemple de l'enfant

Mt 18, 1-3 : « **[1]En ce moment-là, les disciples s'approchèrent de Jésus et lui dirent : « Qui donc est le plus grand dans le royaume des cieux ? » [2]Alors ayant fait venir un enfant, il le plaça au milieu d'eux et dit : « [3]Je vous le dis, en vérité, si vous ne changez pas et ne devenez pas comme les enfants, vous n'entrerez point dans le royaume des cieux.** »

Les enfants dépendent de leurs parents. Ils le savent et l'acceptent. Nous devons être comme les enfants, et accepter de dépendre de Dieu. En Vérité nous dépendons de Dieu car il est le seul à être l'Être. Il nous donne la vie et nous maintient en vie.

Nous avons la possibilité, dans notre liberté, d'être tourné vers Dieu à l'image du Verbe (prologue de Jean). Si nous dépendons de Dieu comme des pauvres d'esprit, alors le royaume de Dieu est à nous, comme le précise la première béatitude.

Dix commandements A. T.

Moïse reçoit les dix commandements sur le mont Sinaï.

Ex 20, 1-17 : « **20, ¹Et Dieu prononça toutes ces paroles, en disant :**

²Je suis Yahweh, ton dieu, qui t'ai fait sortir du pays d'Egypte, de la maison de servitude.

³Tu n'auras pas d'autres dieux devant ma face.

⁴Tu ne te feras pas d'image taillée, ni aucune figure de ce qui est en haut dans le ciel, ou de ce qui est en bas sur la terre, ou de ce qui est dans les eaux au-dessous de la terre. ⁵Tu ne te prosterneras point devant elles et tu ne les serviras point. Car moi Yahweh, ton Dieu, je suis un Dieu jaloux, qui punis l'iniquité des pères sur les enfants, sur la troisième et sur la quatrième génération pour ceux qui me haïssent, ⁶et faisant miséricorde jusqu'à mille générations, pour ceux m'aiment et qui gardent mes commandements.

⁷Tu ne prendras point le nom de Yahweh, ton Dieu, en vain, car Yahweh ne laissera pas impuni celui qui prendra son nom en vain.

⁸Souviens-toi du jour du sabbat pour le sanctifier. ⁹Pendant six jours tu travailleras, et tu feras tout ton ouvrage. ¹⁰Mais le septième jour est un sabbat *consacré* à Yahweh, ton Dieu : tu ne feras aucun ouvrage, ni toi, ni ton fils, ni ta fille, ni ton serviteur, ni ta servante, ni ton bétail, ni l'étranger qui est dans tes portes. ¹¹Car pendant six jours Yahweh a fait le ciel, la terre, la mer et tout ce qu'ils contiennent, et il s'est reposé le septième jour : c'est pourquoi Yahweh a béni le jour du sabbat et l'a sanctifié.

¹²Honore ton père et ta mère, afin que tes jours soient prolongés dans le pays que Yahweh, ton Dieu, te donne.

¹³Tu ne tueras point.

¹⁴Tu ne commettras point d'adultère.

¹⁵Tu ne déroberas point.

¹⁶Tu ne porteras point de faux témoignages contre ton prochain.

¹⁷Tu ne convoiteras point la maison de ton prochain ; tu ne convoiteras point la femme de ton prochain, ni son serviteur, ni sa servante, ni son bœuf, ni son âne, ni rien de ce qui appartient à ton prochain.

Sermon sur la montagne, Béatitudes N. T.

Dans le sermon sur la montagne, Jésus parle du royaume des cieux. Ce royaume des cieux est le royaume de Dieu. Parler des cieux évite de parler de Dieu. Dieu est pour les juifs et pour l'ancien testament l'innommable, car Dieu ne saurait être limité par un nom.

Dans l'énoncé des béatitudes, Jésus utilise un futur sauf pour ce qui concerne le royaume de Dieu. Cette béatitude est au présent pour les « sans avoir ». Ce sont ceux qui reconnaissent qu'ils ne peuvent pas connaître et qui s'en remettent à Dieu pour tout et surtout pour la conduite de leur vie. Ils se rapprochent des origines lorsque l'homme fut créé à l'image de Dieu. Jésus est venu nous révéler le chemin du bonheur par les béatitudes en Matthieu 5, 1-11 :

« **^{1}Voyant les foules, il monta sur la montagne, et lorsqu'il fut assis, ses disciples s'approchèrent de lui. ^{2}Alors, prenant la parole, il se mit à les enseigner, en disant :**
« **^{3}Heureux les pauvres en esprit, car le royaume des cieux est à eux !**
^{4}Heureux ceux qui sont affligés, car ils seront consolés !
^{5}Heureux ceux qui sont doux, car ils posséderont la terre !
^{6}Heureux ceux qui ont faim et soif de justice, car ils seront rassasiés !
^{7}Heureux les miséricordieux, car ils obtiendront miséricorde !
^{8}Heureux ceux qui ont le cœur pur, car ils verront Dieu !
^{9}Heureux les pacifiques, car ils seront appelés enfants de Dieu !
^{10}Heureux ceux qui souffrent persécution pour la justice, car le royaume des cieux est à eux !
^{11}Heureux serez-vous, lorsqu'on vous insultera, qu'on vous persécutera, et qu'on dira faussement toute sorte de mal contre vous, à cause de moi. ^{12}Réjouissez-vous et soyez dans l'allégresse, parce que votre récompense est grande dans les cieux ; car c'est ainsi qu'ils ont persécuté les prophètes qui ont été avant vous. »

Moïse a apporté les dix commandements au peuple d'Israël après sa rencontre avec Dieu sur la montagne du Sinaï. Jésus amène la nouvelle Torah au peuple du monde sur la « montagne » de Galilée.

Nous passons d'un puissant massif de pierre en plein désert avec vue sur le désert, à un mont de pré, peuplé d'arbres, avec vue sur le lac de Tibériade. Nous passons de l'aridité de la première loi, à la fertilité de la nouvelle loi.

Naître d'en haut, cœur nouveau A. T.

Ez 36, 26 : « **Et je vous donnerai un cœur nouveau, et je mettrai au-dedans de vous un esprit nouveau ; j'ôterai de votre chair le cœur de pierre, et je vous donnerai un cœur de chair.** »

Jr 31, 31-33 : « **³¹Voici que des jours viennent, - oracle de YaHWeH, où je conclurai avec la maison d'Israël et avec la maison de Juda une alliance nouvelle. ³²non comme l'alliance que je conclus avec leurs pères, le jour où je les ai pris par la main pour les faire sortir du pays d'Égypte, alliance qu'eux ont rompue, quoique je fusse leur époux.**

³³Car voici l'alliance que je ferai avec la maison d'Israël, après ces jours-là, - oracle de YaHWeH : Je mettrai ma loi au-dedans d'eux, et je l'écrirai sur leur cœur ; et je serai leur Dieu, et ils seront mon peuple. »

Dieu promet de nous donner un cœur nouveau. Ce sera la nouvelle naissance, dont parle Jean, relatant l'entretien de Jésus avec Nicodème (Jn 3, 1-21).

Dieu met sa loi en nous, c'est le don du Saint-Esprit que rapporte Luc dans les Actes en Ac 2, 1-13.

Nouvelle naissance N. T.

Nicodème est un docteur de la Loi. Il est droit et cherche la vérité. C'est un maître à penser et un responsable du peuple juif. Jean rapporte l'entretien nocturne de Jésus avec Nicodème.

Jn 3, 1-6 : « **¹Il y avait, parmi les Pharisiens, un homme nommé Nicodème, qui était un chef des Juifs. ²Il vint de nuit vers lui (Jésus) et lui dit : « Rabbi, nous savons que c'est de la part de Dieu que vous êtes venus comme docteur, car personne ne peut faire les miracles que vous faites, si Dieu n'est avec lui. » ³Jésus lui répondit : « En vérité, en vérité, je te le dis, nul, s'il ne naît d'en haut, ne peut voir le royaume de Dieu. » ⁴Nicodème lui dit : « Comment un homme, quand il est âgé peut-il renaître ? » ⁵Jésus répondit : « En vérité, en vérité, je te le dis, nul, s'il ne renaît de l'eau et de l'esprit, ne peut entrer dans le royaume de Dieu. ⁶Ce qui est né de la chair est chair, et ce qui est né de l'esprit est esprit.** »

Un autre monde existe en plus du monde capté par nos sens, le royaume de Dieu.

Le monde de Dieu était proposé en Éden à Adam et Ève. Leur refus du plan de Dieu les a fait naître de la chair. Ce qui est né de la chair est chair, finitude, sans gratuité, souffrant et mortel. Ce qui est né de l'esprit est esprit, vie, bonheur, gratuité et infinitude en Dieu.

Le personnage de chair est né d'en bas. Le personnage d'esprit est né d'en haut. Il faut « renaître », naître à nouveau mais de Dieu, en acceptant Dieu dans notre vie. Il nous faut recevoir une identité divine en Christ pour devenir héritier du royaume de Dieu.

Le Père envoie son Fils préparer une nouvelle création en annonçant le royaume de Dieu. Jésus nous montre la route à suivre car il est le chemin, la vérité et la vie. Ce chemin le mènera à la mort et à la résurrection.

Transcendance de la loi par l'amour A. T.

Tout est donné et annoncé dans l'ancien testament. La loi est donnée par Moïse. L'accomplissement de la loi est annoncé par les prophètes. Les prophètes annoncent en effet la venue du Messie.

Dt 6, 4-5 : « **^{4}Écoute, Israël : YaHWeH, notre Dieu, est seul YaHWeH. ^{5}Tu aimeras YaHWeH, ton Dieu, de tout ton cœur, de toute ton âme et de toute ta force.** »

Lv 19, 18b : « **Tu aimeras ton prochain comme toi-même. Je suis YaHWeH.** »

Pv 10, 12 : « **La haine suscite des querelles, mais l'amour couvre toutes les fautes.** »

Transcendance de la loi par l'amour N. T.

Le dernier développement de la religion juive est la religion catholique, apostolique.

Jésus n'est pas venu abolir la Loi ou les prophètes, mais parfaire.

Quand nous étions sous la loi, si nous faisions un écart, il fallait payer le prix. Avec Jésus nous ne sommes plus sous la loi, mais sous la grâce, car c'est Jésus qui paie le prix pour nous.

Jésus est venu annoncer l'amour de Dieu Père pour l'homme, dire qu'il est Fils de Dieu, promettre d'envoyer le Saint-Esprit qui est Dieu.

Le **mercredi 3 avril 30**, Jésus se rend au Temple. Jésus répond à un docteur de la loi sur le plus grand commandement, la transcendance de la loi par l'amour.

Mt 22, 35-40 : « **^{35}Et l'un d'eux, docteur de la loi, lui demanda pour l'embarrasser : « ^{36}Maître, quel est le plus grand commandement de la loi ? » ^{37}Il lui dit : « Tu aimeras le Seigneur ton Dieu de tout ton cœur, de toute ton âme et de tout ton esprit. ^{38}C'est là la plus grand et le premier commandement. ^{39}Un second lui est égal : Tu aimeras ton prochain comme toi-même. ^{40}En ces deux commandements tient toute la Loi, et les Prophètes.** »

Mc 12, 28-34 et Lc 10, 25-28.

Le scribe n'est pas loin du royaume de Dieu car il a compris qu'il faut aimer Dieu et son prochain au maximum.

C'est pourquoi le premier commandement est « tu aimeras le Seigneur ton Dieu » et le deuxième « tu aimeras ton prochain ». Ils sont l'accomplissement de la loi. Ils transcendent les Dix commandements donnés à Moïse. Le scribe n'est pas loin du royaume de Dieu car il a compris qu'il faut aimer Dieu et son prochain au maximum.

Adam a perdu la possibilité de passer d'Éden au royaume de Dieu car il n'est pas resté tourné vers Dieu. Selon le prologue de Jean, le Verbe est tourné vers Dieu. Il fait parti du royaume de Dieu.

Jésus annonce l'amour du Père. Il ira jusqu'au bout de la manifestation de l'amour de Dieu en donnant sa vie pour les hommes.

Amour des ennemis A. T.

Lv 19, 18b : « **Tu aimeras ton prochain comme toi-même. Je suis YaHWeH.** »»

Lv 19, 1-2 : « **^{1}YaHWeH parla à Moïse, en disant : « ^{2}Parle à toute l'assemblée d'Israël, et dis-leur : Soyez saints, car je suis saint, moi YaHWeH, votre Dieu.** »

Amour des ennemis N. T.

Mt 5, 43-48 : « ^{43}Vous avez appris qu'il a été dit : *Tu aimeras ton prochain*, et tu haïras ton ennemi. ^{44}Et moi, je vous dis : Aimez vos ennemis et priez pour ceux qui cous persécutent, ^{45}afin que vous deveniez enfants de votre Père qui est dans les cieux ; car il fait lever son soleil sur les méchants et sur les bons, et descendre la pluie sur les justes et sur les injustes. ^{46}Si en effet vous aimez ceux qui vous aiment, quelle récompense méritez-vous ? Les publicains eux-mêmes n'en font-ils pas autant ? ^{47}Et si vous ne saluez que vos frères, que faites-vous d'extraordinaire? Les païens eux-mêmes n'en font-ils pas autant ? ^{48}Vous donc, *vous serez parfaits*, comme votre Père céleste est parfait. »

Mt 7, 12 : « **Donc, tout ce que vous voulez que les hommes vous fassent, faites-le aussi pour eux ; car c'est la Loi et les Prophètes.** »

2.3 Prophéties de la mort et de la Résurrection

Retour à la vie ou Résurrection

Jésus lors de sa vie terrestre ramène à la vie un jeune homme à Naïn en Luc 7, 11-17, la fille de Jaïros, chef de la synagogue en Luc 8, 40-56, et son ami Lazare en Jean 11, 1-44. Ces retours à la vie se font dans le corps mortel. Ces trois miracles ne sont pas comparables à la résurrection de Jésus.

La Résurrection de Jésus sera une libération des lois physiques et biologiques, conséquences du péché.

« Le Seigneur ne se contente pas de dire, par des mots, que les morts ressusciteront, mais il accomplit la résurrection. Il réveille l'enfant morte depuis peu (Mt 9, 18-26), puis il rend à sa mère le jeune homme que l'on avait accompagné à la tombe et qu'il avait relevé de son cercueil.

Reste à voir si le sort espéré sera à l'image de ce qui existe à présent. Si ce devait être le cas, je dirais, que les hommes n'auraient plus qu'à fuir l'espérance de la résurrection. Car si les corps sont rendus à la vie dans l'état qui était le leur au moment de la mort, c'est un malheur sans fin que les hommes attendent à travers la résurrection.

Le blé, certes, une fois disséminé en terre, perd la petitesse de sa taille ainsi que ses propres marques ; il ne se perd pas lui-même. Tout en demeurant lui-même, il devient épi. Il diffère tout à fait de ce qu'il était, par sa taille, sa beauté, sa variété, son allure. De même, la nature humaine abandonne dans la mort toutes ses caractéristiques, acquises du fait de son état passionné, je veux dire le déshonneur, la corruption, la faiblesse, la différence due à l'âge ; elle ne se perd pourtant pas elle-même, mais elle accède, comme un épi, à l'incorruptibilité, à la gloire, à l'honneur, à la puissance, à la perfection totale, à la disparition de ses propriétés naturelles propres au fonctionnement de son existence, à son passage enfin vers un état spirituel et impassible.[14] »

---

[14] Saint Grégoire de Nysse, théologien Cappadociens décédé en 394

Annonce de la Résurrection, signe de Jonas

Pour authentifier sa mission et sa parole, Jésus fait des prodiges. Il guérit les malades, chasse les démons, et soumet les éléments. Mais lorsque les scribes et les pharisiens lui demandent un signe, il donne comme signe sa résurrection après être resté trois jours dans la terre.

Mt 12, 38-40 : « **[38]Alors quelques-uns des scribes et des Pharisiens prirent la parole et dirent : « Maître, nous voudrions voir un signe de vous. » [39]Il leur répondit : « Une génération mauvaise et adultère réclame un signe : il ne lui sera pas donné d'autre signe que le signe du prophète Jonas. [40]Car de même que Jonas fut trois jours et trois nuits dans le ventre du poisson, ainsi le Fils de l'homme sera dans le sein de la terre trois jours et trois nuits. »**

Le signe de Jonas, c'est le signe donné par le Seigneur lui-même. La résurrection de Jésus est donc le signe donné authentifiant sa parole. Jésus est le Fils de Dieu, l'envoyé du Père, l'Oint du Saint-Esprit, le Messie attendu par Israël. Saint Paul dira d'ailleurs que le point central de la foi, c'est la résurrection du Christ.

1 Co 15, 14 ; « **Et si le Christ n'est pas ressuscité, notre prédication est donc vaine, vaine aussi est votre foi.** »

Annonce de la Résurrection, signe du temple

Au début de Jean, les Juifs demandent à Jésus un miracle pour justifier son autorité. Jésus répond par l'analogie de son corps avec le temple de Jérusalem en annonçant sa résurrection.

Jn 2, 18-22 : « **[18]Alors les Juifs, prenant la parole, lui dirent : « Quel miracle nous montrez-vous, pour agir de la sorte ? » [19]Jésus leur répondit : « Détruisez ce sanctuaire et je le relèverai en trois jours. » [20]Les Juifs lui dirent : « C'est en quarante-six ans que ce sanctuaire a été bâtie, et vous, en trois jours vous le relèverez ? » [21]Mais lui parlait du sanctuaire de son corps. [22]Lors donc qu'il fut ressuscité d'entre les morts, ses disciples se souvinrent qu'il avait dit cela, et ils crurent à l'Écriture et à la parole que Jésus avait dite.** »

Au verset 21, Jean indique qu'en parlant du Temple Jésus parle du sanctuaire de son corps. De même que le Temple était avant l'incarnation le lieu de la présence de Dieu, de même le corps de Jésus est le lieu de la présence de Dieu par l'incarnation du Verbe. Avec Jésus la présence de Dieu n'est plus dans le Saint des Saints du Temple mais dans chaque homme qui le désire.

Le signe que Jésus donne aux Juifs c'est la destruction de son corps et le retour à la vie de ce corps après trois jours.

1 Co 3, 16 : « **Ne savez-vous pas que vous êtes un temple de Dieu, et que l'Esprit de Dieu habite en vous ?** »

Annonce de la résurrection

Jésus annonce à l'avance, à plusieurs reprises, à ses disciples et à ses apôtres qu'il va mourir, mais que le troisième jour il ressuscitera d'entre les morts. C'est ce que nous relatent les trois évangiles synoptiques.

Mt 16, 21 : « **[21]Jésus commença depuis lors à déclarer à ses disciples qu'il fallait qu'il allât à Jérusalem, qu'il souffrît beaucoup de la part des anciens, des grands prêtres et des scribes, qu'il fût mis à mort et qu'il ressuscitât le troisième jour.** »

Mt 17, 22-23 : « **[22]Comme ils étaient groupés en Galilée, Jésus leur dit : « Le Fils de l'homme doit être livré entre les mains des hommes, [23]et ils le mettront à mort, et il ressuscitera le troisième jour. Et ils furent vivement attristés.** »

Mt 20, 17-19 : « **[17]Comme Jésus allait monter à Jérusalem, il prit à part les Douze et leur dit en chemin : « [18]Voici que nous montons à Jérusalem, et le Fils de l'homme sera livré aux grands prêtres et aux scribes, et ils le condamneront à mort, [19]et ils le livreront aux Gentils pour être bafoué, flagellé et crucifié ; et il ressuscitera le troisième jour.** »

Mt 26, 32 : « **Mais, après que je serai ressuscité, je vous précéderai en Galilée.** »

Maître de la Vie

Jésus annonce qu'il donne sa vie de lui-même mais qu'il a le pouvoir de la recouvrer. Jésus donne sa vie en tant qu'homme et il a le pouvoir de la retrouver parce qu'il est Dieu. En faisant cela, Jésus fait la volonté de son Père et est aimé de celui-ci.

Jésus dit à ses disciples :
Jn 5, 21 : « **Car, de même que le Père ressuscite les morts et rend la vie, ainsi le Fils aussi rend la vie à qui il veut.** »

Jn 10, 17-18 : « **[17]C'est pour cela que le Père m'aime : parce que je donne ma vie pour la recouvrer. [18]Personne ne me l'enlève, mais c'est moi qui la donne de moi-même ; j'ai le pouvoir de la donner et j'ai le pouvoir de la recouvrer : voilà le commandement que j'ai reçu de mon Père.** »

2.4 Passion et mort de Jésus

Arrestation

Jésus est arrêté suite à la trahison de l'apôtre Juda. Mais Jésus se livre librement. Jn 18, 6 : **« Lors donc qu'il (Jésus) leur eut dit : « C'est moi », ils reculèrent et tombèrent à terre. »**

Comparution devant les autorités religieuses
Première séance du Sanhédrin

Mc 14, 53 : **« ^{53}Ils emmenèrent Jésus chez le grand prêtre, et tous les grands prêtres, les anciens et les scribes se réunirent. »**

Marc 14, 61-65 : **« ^{61}Mais il (Jésus) garda le silence et ne répondit rien. Le grand prêtre l'interrogea de nouveau et lui dit : « Es-tu le Christ, le Fils du Béni ? » ^{62}Jésus dit : « Je le suis, et vous verrez *le Fils de l'homme assis à la droite de la Puissance et venant avec les nuées du ciel.* » ^{63}Et le grand prêtre déchira ses vêtements et dit : « Qu'avons-nous encore besoin de témoins ? ^{64}Vous venez d'entendre le blasphème : que vous paraît-il ? » Tous le condamnèrent comme méritant la mort. ^{65}Et quelques uns se mirent à cracher sur lui, et, lui voilant le visage, ils le frappaient du poing, en lui disant : « Prophétise ! » ; et les satellites lui administraient des soufflets. »**

Deuxième séance du Sanhédrin pour le verdict

Mt 27, 1-2 : **« ^{1}Le matin venu, tous les grands prêtres et les anciens du peuple prirent une délibération contre Jésus pour le faire mourir. ^{2}Et, après l'avoir lié, ils l'emmenèrent et le remirent à Ponce Pilate, le gouverneur. »**

Faute des autorités religieuses

Le jugement s'est passé sans respecter les formes. La Règle posée par la Michna qui devait déjà être appliquée à l'époque est :

« Dans les causes non capitales, le jugement a lieu pendant le jour et le verdict peut être rendu pendant la nuit ; dans les causes capitales le jugement a lieu le jour, et le verdict doit être aussi rendu pendant le jour. Dans les causes non capitales, le verdict d'acquittement ou de condamnation peut être rendu le même jour ; dans les causes

capitales, un verdict d'acquittement peut être rendu le même jour, mais un verdict de condamnation ne peut pas l'être avant le jour suivant. C'est pourquoi des jugements ne peuvent avoir lieu la veille d'un sabbat ou la veille d'un jour de fête » (Sanh. 4, 1)

La première séance servait à établir les faits. La deuxième séance était pour annoncer le verdict. Elle devait se dérouler un autre jour en cas de condamnation à mort. Or ici les deux séances ont lieu le même jour…

A cause de la sentence de mort, le Sanhédrin doit en référer à Rome. En effet, lors de la destitution d'Archélaüs, les romains ôtèrent aux juifs le droit de prononcer une peine de mort[15].

Comparution devant les autorités civiles

Jésus est conduit devant Pilate qui, apprenant que Jésus est Galiléen, l'envoie à Hérode.

Luc 23, 11 : **« Hérode le traita avec mépris, ainsi que ses hommes d'armes, se moqua de lui et, après l'avoir revêtu d'un vêtement de couleur éclatante, il le renvoya à Pilate. »**

Jésus comparaît ensuite à nouveau devant Pilate.

Mt 27, 26 : **« [26]Alors il (Pilate) leur relâcha Barabbas ; et, après avoir fait flageller Jésus, il le remit (aux soldats) pour être crucifié. »**

Faute des autorités civiles

Les Juifs ne pouvaient pas condamner à mort un homme. La loi juive limitait la flagellation à 40 coups car au-delà, il y avait risque de mort.

Le Linceul de Turin montre que l'homme du Linceul a été flagellé par plus de 100 coups sur tout le corps par un flagrum romain. Deux bourreaux romains ont infligé ce supplice avec une rare violence. Le condamné est dans la force de l'âge et de constitution robuste.

Cependant avec le nombre de coups et la violence des impacts nous pouvons considérer que Jésus après la flagellation entre en agonie. Les reins sont endommagés et le taux d'urée dans le sang augmente d'autant que Jésus a perdu beaucoup de sang.

---

[15] « Guerres juives » Flavius Josèphe, II 117.167.

Jésus reste sur la croix de 12h00 à 15h00, heure de sa mort. Les crucifiés pouvaient rester des heures sur la croix avant de mourir. Pour hâter la mort par asphyxie, les romains leur brisaient les jambes. Pour Jésus, le soldat romain perce son côté d'une lance. L'évangile nous dit qu'il en sort de l'eau et du sang. En effet la lancer perce la plèvre et il en sort le liquide pleural lié à l'inflammation ; puis la lance perce le cœur et il en sort le sang.

La faute des autorités civiles consiste à donner une double peine de mort flagellation et crucifixion.

Mt 27, 50 : « **^{50}Jésus poussa de nouveau un grand cri et rendit l'esprit.**

Jésus meurt à 15h00 le vendredi 14 Nissan de l'an 30.

Ensevelissement

La mise au tombeau doit être faite à 18h00 car le jour du samedi, jour de shabbat commence chez les juifs le vendredi à 18h00.

La tête de Jésus est couverte d'une Coiffe (Coiffe de Cahors) qui sert de mentonnière. Puis le corps de Jésus est enveloppé dans un linceul (Linceul de Turin) et l'on met sur le visage un Voile (Voile de Manoppello). Enfin trois bandelettes enveloppent le Linceul autour du corps au niveau des chevilles, du torse et du cou.

Jn 19, 38-42 : « **^{38}Après cela, Joseph d'Arimathie, qui était disciple de Jésus, mais en secret par crainte des Juifs, demanda à Pilate d'enlever le corps de Jésus, et Pilate le permit. Il vint donc et enleva son corps. ^{39}Nicodème, qui précédemment était venu vers lui de nuit, vint aussi, apportant un mélange de myrrhe et d'aloès, environ cent livres. ^{40}Ils prirent donc le corps de Jésus et l'entourèrent de bandelettes avec les aromates, selon la manière d'ensevelir en usage chez les Juifs. ^{41}Or, au lieu où il avait été crucifié, il y avait un jardin, et dans le jardin un sépulcre neuf, où personne n'avait encore été mis. ^{42}C'est là, à raison de la Préparation des Juifs, le sépulcre étant proche, qu'ils mirent Jésus.** »

Mc 15, 46 : « **Ayant acheté un linceul, il (Joseph d'Arimathie) le (Jésus) descendit, l'enveloppa dans le linceul, le déposa dans un sépulcre qui avait été taillé dans le roc, et il roula une pierre à l'entrée du sépulcre.** »

Certitude de la mort de Jésus
Mort par crucifixion et asphyxie
Les signes de mort par asphyxie sur le linceul de Turin sont :
- pectoraux en saillie, contractés, tirés vers le haut ;
- thorax distendu ;
- creux épigastrique creusé, déprimé ;
- bas abdomen bombé, refoulé par le diaphragme contracturé.

L'homme est suspendu par les poignets. Il commence à étouffer à cause de l'immobilisation des côtes gênant la respiration. Le supplicié se relève de temps en temps en prenant appui sur ses pieds cloués jusqu'à ce que la douleur soit trop forte.

Le corps prend donc deux positions, l'une basse, l'autre haute. Sur le Linceul les deux écoulements sanguins correspondants ont été identifiés selon des angles de 75° et 55°. L'homme est mort asphyxié.

Blessures post mortem
Un coup de lance romaine a entraîné une blessure de côté dans le cinquième espace intercostal. La blessure montre que la peau a été brusquement coupée, avec une plaie ouverte rectiligne montrant une pénétration profonde.

Un coup de lance entrant avec une inclination latérale d'environ 30 à 35 degrés et une inclination horizontale de 20 degrés atteint le cœur après un chemin de seulement 8-10 cm. Même si la lance n'avait pas atteint le cœur, elle causait des dégâts mortels aux poumons, un pneumothorax. Une telle perforation cause l'entrée d'air dans la cage thoracique qui entraîne une mort rapide d'autant plus si le sujet est suspendu par les bras et sans soins médicaux.

Les blessures d'une personne vivante saignent activement, tandis que cet écoulement a toutes les caractéristiques d'un drainage passif. Cela signifie que le sang est resté un certain temps dans la cavité péricardique ou dans l'oreillette droite avant que le coup de lance ne soit la cause de l'écoulement.

Les liquides qui s'écoulent de la blessure sur le côté droit de la poitrine sont de l'eau et du sang. L'eau correspond à l'inflammation de la plèvre consécutive à la flagellation, un liquide pleural s'est accumulé entre les poumons et la cage thoracique. Le sang apparaît ensuite quand la lance perce le cœur.

La blessure de côté est survenue après la mort car les bords de la blessure sont clairement nets. Les bords ne se sont pas rétractés comme dans le cas d'un sujet vivant.

Immobilité du corps dans le Linceul
Ce tissu montre clairement des taches de sang issues d'un corps au moment où il était vivant, et de grands flux « post-mortem ».
L'image du Linceul très détaillée indique une immobilité parfaite du corps humain enveloppé. Le sujet est mort, puisque la formation des taches est incompatible avec n'importe quel mouvement de respiration.

Impression du sang sur le Linceul
Les traces de sang sur le Linceul sont formées par fibrinolyse. Ce processus permet le transfert de sang de la peau au tissu de lin dans une période de temps de moins de 36 heures. Quand le corps est mis dans le Linceul, le sang est probablement sec, car le sang sèche vite en plein air. Pour teinter le lin, les croûtes de sang se sont dissoutes quand le corps est à l'intérieur du Linceul humide.
Le sang sur la tête lié à la couronne d'épines est sorti quand l'homme est vivant. Il a séché sur les cheveux et, par fibrinolyse, s'est transposé au Linceul.

Absence de respiration dans le Linceul
Il n'y a aucun signe d'exhalation de gaz carbonique et de vapeur d'eau, et aucun halo dans le secteur du nez et de la bouche permettant d'évoquer une respiration.
Aucun trouble dans l'image de la poitrine, du ventre et des mains ne permet de penser à un mouvement de respiration lors de la formation de l'image. Au contraire, l'image des mains et de l'ensemble du visage montre la meilleure résolution de l'empreinte du corps.

Conclusion

De nombreux signes attestent de la mort de Jésus :
- rigidité cadavérique compatible avec celui d'un homme crucifié ;
- transfert de sang par fibrinolyse dans les 30-40 heures après la mort ;
- quantité de sang, colorant le Linceul, justifiant la mort ;
- coup de lance mortel en atteignant le cœur ;
- coup de lance mortel par « l'affaissement » des poumons ;
- absence de signe de respiration du visage et de la poitrine ;
- aucun trouble de l'image due à la respiration ;
- aucune salissure ou rupture des croûtes de sang permettant l'hypothèse d'un homme s'éveillant et sortant du Linceul.

Ces observations montrent que l'homme est déjà mort quand il est enveloppé dans le Linceul.

3 Résurrection de Jésus

3.1 Résurrection dans les évangiles

<u>Récit de la résurrection</u>

Le corps de Jésus est dans le tombeau depuis le vendredi 7 avril de l'an 30 à 18h00. Mais soudain à l'aube du premier jour de la semaine, le corps n'est plus dans la sépulture…

Le corps du crucifié est là dans son Linceul depuis le vendredi vers 18h00. Le corps de l'homme est dans le tombeau depuis 36 heures.

Le matin de Pâques vers 6h00 du matin, l'esprit de Jésus-Christ revient dans son corps avec une énergie considérable. Le corps reprend vie, mais c'est un corps sous un autre aspect. Il s'agit d'un corps ressuscité avec les quatre propriétés spécifiques.

Le troisième jour, le Père ressuscite le Fils dans la puissance du Saint-Esprit selon les Écritures. L'Esprit du Seigneur revient dans son corps, mais dans un corps glorifié qui change de statut, de caractéristiques.

La résurrection de Jésus n'est pas la résurrection de Lazare. Lazare revient simplement à la vie avec son corps mortel, et il devra à nouveau mourir. Avant la résurrection de Lazare, Jésus dit à Marthe en Jean 11, 25-26 : « **25Jésus lui dit : « Je suis la résurrection et la vie : celui qui croit en moi, quand même il mourrait, vivra ; 26et quiconque vit et croit en moi, ne mourra jamais. Le croyez-vous ? »**

Jésus est le premier ressuscité. Sa résurrection est une anastase[16] selon Jean Guitton. Jésus revient dans un corps renouvelé avec d'autres caractéristiques. Jésus, le Verbe de Dieu, est la lumière.

Jean 1, 9 : « **La vraie lumière était celle qui éclaire tout homme venant dans le monde.** »

Jean 8, 12 : « **Jésus leur parla une autre fois disant : « Je suis la lumière du monde. Celui qui me suivra ne marchera pas dans les ténèbres, mais il aura la lumière de la vie. »**

En Jean 12, 46a : « **Moi (Jésus), je suis venu dans le monde en tant que lumière, afin que quiconque croit en moi ne reste pas dans les ténèbres. »**.

---

[16] De Anastasis, résurrection en grec

Don de gloire du ressuscité Corps glorieux

Saint Paul nous dit du corps ressuscité en **1 Cor 15, 43a : « semé dans l'ignominie, il ressuscite glorieux »**

Maria d'Agreda nous dit : « *La clarté c'est le don qui fait resplendir les corps glorieux.* »

Après la résurrection, lors de la conversion de Saul qui deviendra saint Paul, une lumière venue du ciel enveloppa Saul de sa clarté (Jean 9, 3-6) manifestant la gloire de Jésus ressuscité.

Si la clarté fait resplendir les corps glorieux, le corps de Jésus devrait resplendir après la résurrection. Or ce n'est pas le cas d'une façon visible. Pour quelles raisons ne resplendit-il pas ?

Dans les évangiles Marie de Magdala est la première à voir Jésus ressuscité.

En Jean 20, 17 : **« Jésus lui dit : « Ne me touchez plus ! car je ne suis pas encore remonté vers le Père ; mais allez vers mes frères, et dites-leur : je vais remonter vers mon Père et votre Père, vers mon Dieu et votre Dieu. »**

L'apôtre Thomas est incrédule et Jésus lui dit en Jn 20, 27 : « **Puis il dit à Thomas : « Porte ton doigt ici et vois mes mains, porte ta main et mets-là dans mon côté, et ne soit plus incrédule, mais croyant. »**

Jésus dit à Marie-Madeleine : « ne me touche pas », alors qu'il va dire à Thomas « porte ta main et mets-là dans mon côté ». Pourquoi cette différence d'attitude ?

Le Ressuscité se présente à Marie-Madeleine sans sa gloire. Le chrétien est en chemin vers le Père. Le chrétien est un « petit Christ » en route vers la gloire qu'il partagera avec Dieu. Jésus ressuscité se montre pleinement homme, même si son corps a changé de caractéristiques. Il n'est pas écrasant dans sa gloire, mais proche de ses disciples, proche de chaque homme. Il se met à notre portée.

A la résurrection le Christ ne peut se montrer dans toute sa gloire. Pourtant il est bien ce Jésus que les disciples ont connu, le Fils de l'homme. Les disciples auront déjà bien du mal à le reconnaître et à accepter sa résurrection.

Les disciples sont appelés à faire un pas de foi ce qui les rend plus proches de nous.

Don de gloire, Jésus identique et différent

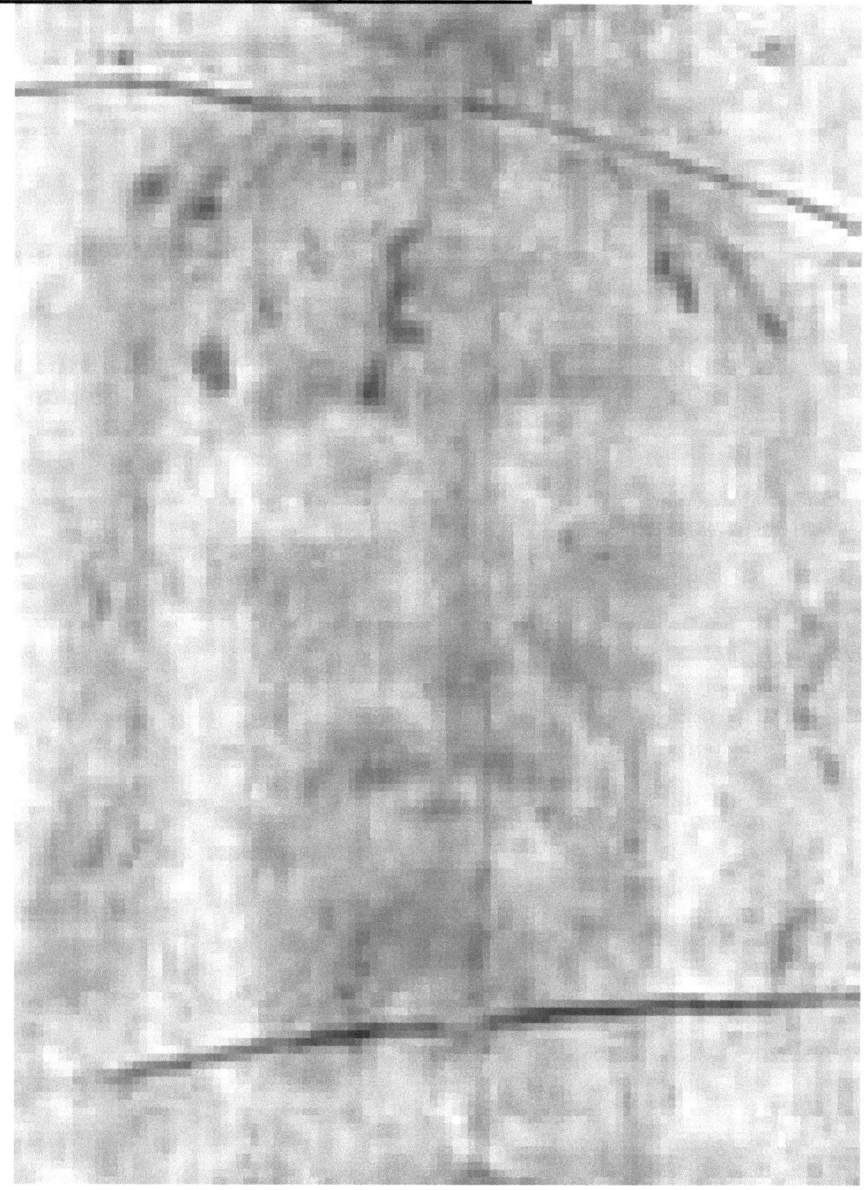

Visage du Linceul de Turin positif
(photographie de Giuseppe Enrie en 1931)

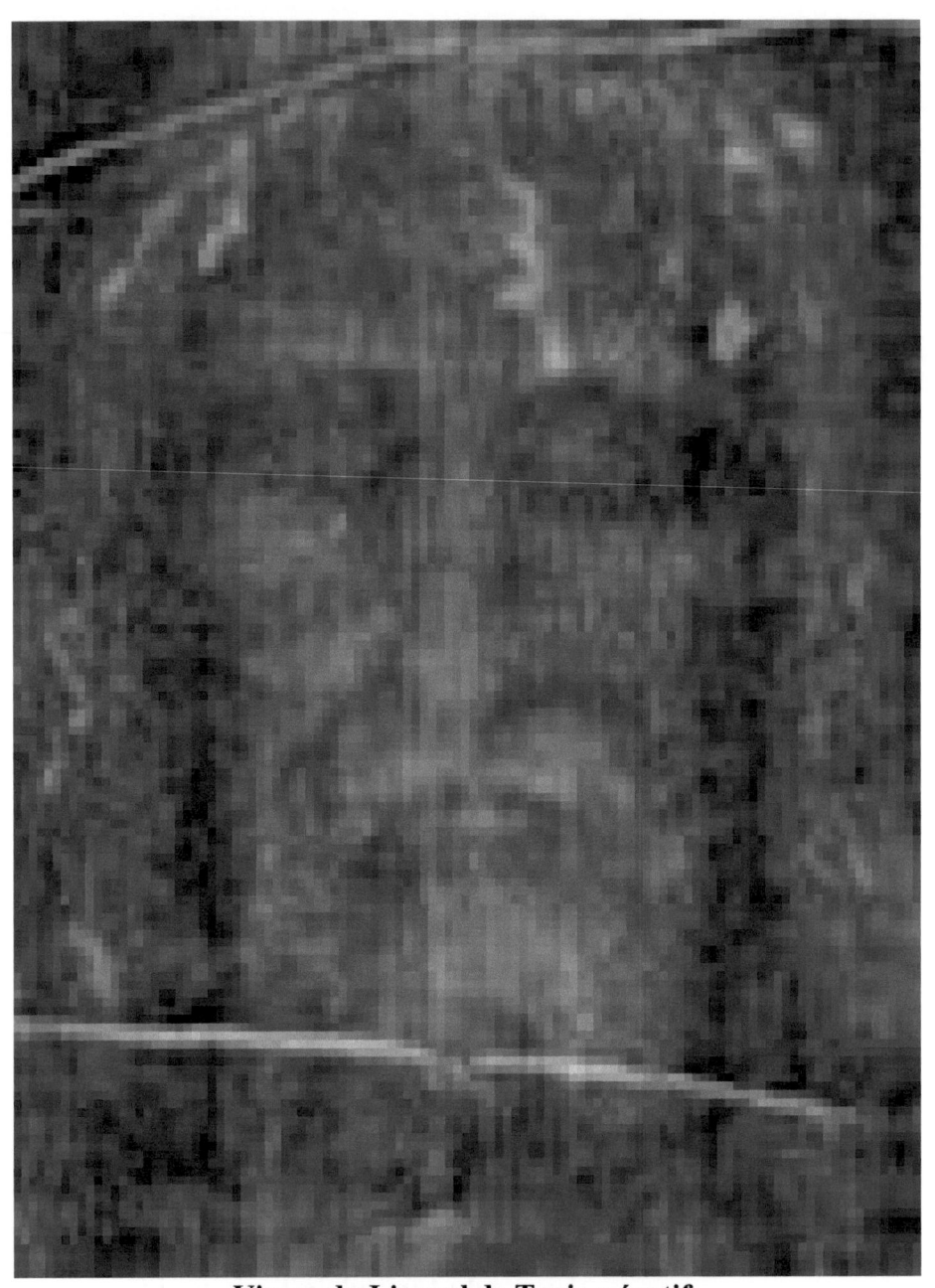

**Visage du Linceul de Turin négatif
(photographie de Giuseppe Enrie en 1931)**

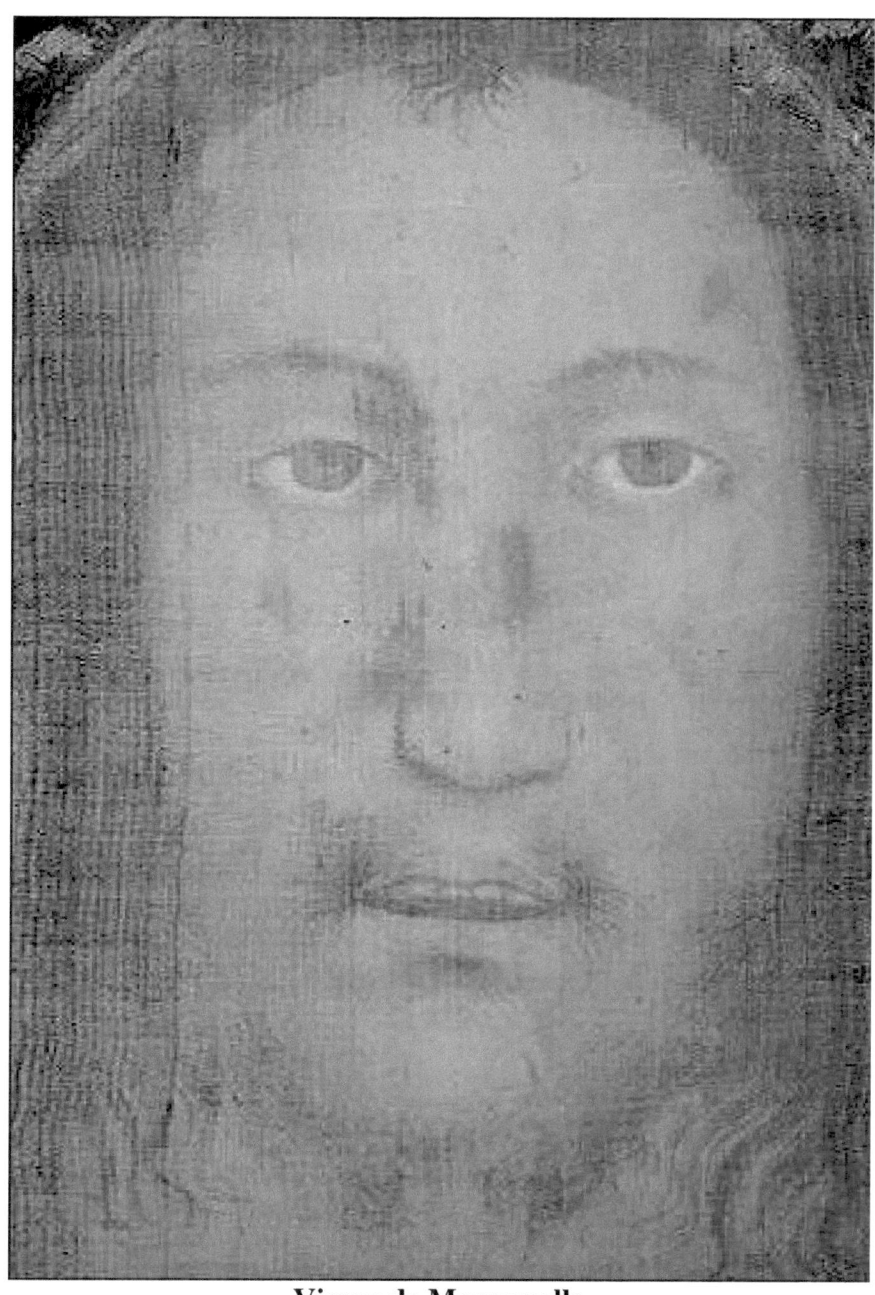

Visage de Manoppello
(http//en.wikipedia.org))

Après la résurrection, Jésus est le même et est tout autre. Jésus est difficile à reconnaître pour ses disciples. Les deux visages du Linceul de Turin et du Voile de Manoppello bien que superposables ne sont pas identiques. C'est le témoignage des disciples qui ont connu le Maître et qui l'ont vu ressuscité.

Marie de Magdala voit Jésus sans le reconnaître. Elle croit qu'elle a affaire au gardien du jardin. Elle ne le reconnaît que lorsque Jésus l'appelle par son prénom : « **Marie** ».

Jésus appelle Marie par son prénom, avec tout son cœur. Cet appel est l'appel de l'amour, de ce Jésus qui est Dieu. Il s'est fait homme pour nous rencontrer chacun personnellement...

En Jean 20, 14-16 : « **[14]Ce disant, elle se retourna et vit Jésus qui était là ; et elle ne savait pas que c'était Jésus. [15]Jésus lui dit : « Femme, pourquoi pleurez-vous ? Qui cherchez-vous ? » Elle, pensant que c'était le jardinier, lui dit : « Seigneur, si c'est vous qui l'avez emporté, dites-moi où vous l'avez mis, et j'irai l'enlever. » [16]Jésus lui dit : « Mariam ! » Elle, se retournant, lui dit en hébreu : « Rabbouni ! » c'est-à-dire : « Maître »**.

En Marc 16, 12 : « **Ensuite il se montra sous une autre forme à deux d'entre eux qui cheminaient, se rendant à la campagne.** » Jésus ressuscité apparaît aux disciples d'Emmaüs. Ils ne le reconnurent pas, bien que cheminant avec lui. Ils ne le reconnurent qu'à la halte lorsque Jésus bénit et rompt le pain. Luc 24, 32 : « **Et ils se dirent l'un à l'autre : « Est-ce que notre cœur n'était pas brûlant en nous, lorsqu'il nous parlait sur le chemin, tandis qu'il nous dévoilait les Écritures ? »**

En Jean 21, 4 : « **Le matin déjà venait : Jésus se tenait sur le rivage, mais les disciples ne savaient pas que c'était Jésus.** » Les disciples n'ont rien pris pendant toute la nuit. Jésus leur dit de jeter le filet du côté droit de la barque. Ils prennent beaucoup de poisson et c'est à ce moment que se remémorant un évènement similaire Jean s'écrie : « C'est le Seigneur ! ». En Jean 21, 12 : « **Jésus leur dit : « Venez déjeuner.» Aucun des disciples n'osait lui demander : « Qui êtes-vous ? », sachant que c'était le Seigneur.** »

Don de force

Saint Paul nous dit du corps ressuscité en **1 Cor 15, 43b** : « **semé dans la faiblesse, il ressuscite plein de force** ».

Maria d'Agreda nous dit : « *L'agilité c'est le don d'être affranchi du poids de la matière.* »

Après la résurrection, Jésus n'est plus soumis dans son corps aux lois physiques. Il est affranchi de l'enfermement de la matière. Jésus a la connaissance et arrive au bon moment dans les lieux où se trouvent ses disciples. Il se déplace instantanément. Il apparaît ou disparaît instantanément.

En Luc 24, 31 : « **Alors leurs yeux s'ouvrirent et ils le reconnurent ; et il disparut de leur vue.** »

En Luc 24, 36 : « **Comme ils discouraient ainsi lui se trouva au milieu d'eux et leur dit : « Paix à vous ! »** »

Don de corps spirituel

Saint Paul nous dit du corps ressuscité en **1 Cor 15, 44** : « **semé corps animal, il ressuscite corps spirituel** »

Maria d'Agreda nous dit : « *La subtilité c'est le don de pénétrer les autres corps sans rencontrer aucune résistance.* »

Après la résurrection, Jésus traverse les obstacles. C'est ce que nous voyons dans les versets suivants de Jean.

En Jean 20, 19 : « **Le soir venu, ce même jour, le premier de la semaine, les portes de la maison où étaient les disciples étant fermées par peur des Juifs, Jésus vint et, debout au milieu d'eux, il leur dit : « Paix à vous ! »** »

Jean 20, 26 : « **Et, huit jours après, ses disciples étaient de nouveau dans la maison, et Thomas avec eux. Jésus vint, les portes étant fermées, et debout au milieu d'eux, il dit : « Paix à vous ! »** »

Don d'impassibilité du ressuscité

Saint Paul nous dit du corps ressuscité en **1 Cor 15, 42b** : **« Semé dans la corruption, le corps ressuscite, incorruptible »**

Marie d'Agreda nous dit : « *L'impassibilité, c'est le don d'immortalité du corps.* »

Après la résurrection, Jésus n'est plus mortel dans son humanité. C'est le don d'impassibilité dont parle Marie d'Agreda.

En Actes 1, 9 : **« Quand il eut dit cela, il fut élevé (de terre) sous leur regard, et un nuage le déroba à leurs yeux. »**

Nouveau corps en chair et en os

Mais le corps de Jésus est une réalité physique. Il a une consistance. Ce n'est pas un hologramme.

Jésus permet à Thomas de le toucher en Jean 20, 27 : **« Puis il dit à Thomas : « Porte ton doigt ici et vois mes mains, porte ta main et mets-la dans mon côté, et ne sois plus incrédule, mais croyant. »**

Jésus, pour montrer qu'il n'est pas qu'un esprit mais qu'il a un corps se laisse toucher par ses disciples et mange avec eux en Luc 24, 36-43 : **« [36]Comme ils discouraient ainsi, lui se trouva au milieu d'eux et leur dit : « Paix à vous ! » [37]Saisis de stupeur et d'effroi, ils croyaient voir un esprit. [38]Et il leur dit : « Pourquoi êtes-vous troublés, et pourquoi des pensées s'élèvent-elles dans vos cœurs ? [39]Voyez mes mains et mes pieds ; c'est bien moi. Touchez-moi et constatez, car un esprit n'a ni chair ni os, comme vous voyez que j'en ai. » [40]Et ce disant, il leur montra ses mains et ses pieds. [41]Comme ils ne croyaient pas encore à cause de leur joie et qu'ils étaient dans l'étonnement, il leur dit : « Avez-vous ici quelque chose à manger ? [42]Ils lui donnèrent un morceau de poisson grillé. [43]Il le prit et en mangea devant eux. »**

3.2 Témoignage de Jean dans les évangiles

Témoignage de Jean

Jean 20, 1-10 : « ¹Le premier jour de la semaine, Marie de Magdala vint au sépulcre, dès le matin, alors qu'il faisait encore sombre, et elle vit la pierre enlevée du sépulcre. ²Alors elle courut trouver Simon-Pierre et l'autre disciple que Jésus aimait, et elle leur dit : « On a enlevé du sépulcre le Seigneur, et nous ne savons où on l'a mis. »

³Pierre partit ainsi que l'autre disciple, et ils allèrent au sépulcre. ⁴Ils couraient tous deux à la fois, mais l'autre disciple courut plus vite que Pierre et arriva le premier au sépulcre. ⁵Et en se penchant, il vit les bandelettes posées là, mais il n'entra pas. ⁶Puis arriva aussi Simon-Pierre, qui le suivait, et il entra dans le sépulcre : il vit les bandelettes posées là, ⁷et le suaire qui avait été sur la tête, posé non pas avec les bandelettes, mais dans un endroit à part, enroulé. ⁸Alors entra aussi l'autre disciple, qui était arrivé le premier au sépulcre : il vit et il crut. ⁹Car ils n'avaient pas encore compris l'Écriture, qu'il devait ressusciter d'entre les morts. ¹⁰Et les disciples s'en retournèrent chez eux. »

L'apôtre Jean vit et crut. Le fait de voir les linges et le Voile qui a recouvert la tête de Jésus permet à Jean de croire à la résurrection du Verbe. Comment peut-on se l'expliquer ?

Jean a vu les linges (Linceul de Turin, Coiffe de Cahors, bandelettes) gisant à terre. Le Linceul est posé. Le corps du mort est parti. Le tissu s'est aplati.

Le Voile de Manoppello, qui a recouvert la tête, n'est pas déposé avec les bandelettes. Il est roulé à part dans un autre endroit. Pourquoi cette différence entre les deux tissus ? Le Voile est roulé à part. A-t-il gardé sa place et la forme du visage ?

C'est la position du Linceul et du Voile qui ont convaincu Jean que le corps du Seigneur n'a pas été dérobé, comme le pense Marie de Magdala, mais qu'il s'est réveillé d'entre les morts.

Position de l'épiscopat italien et de Don Antoine Persili

Jean, selon la traduction de la Conférence épiscopale italienne, **« vit les bandages à terre et le suaire qui, lui, avait été mis sur la tête, non par terre, avec les bandages, mais plié dans un endroit à part... et il vit et il crut » (Jean 20, 6-8).**

Don Antoine Persili, érudit, a traduit directement du grec ce passage. D'après lui, Jean « vit les bandages détendus (affaissés, mais non défaits) et le Suaire (Voile), qui était sur sa tête, non pas avec les bandages détendus, mais au contraire enroulé (non pas détendu avec les bandages, mais comme amidonné et relevé) dans une position unique (qui n'est pas naturelle) ».

Pour le Père Persili, c'est là la raison de croire instantanée de Jean. Si le corps avait été dérobé, il aurait dû être dégagé des bandages. En outre, le Suaire (Voile), selon son interprétation, était figé dans une position particulière, comme « amidonné » et relevé comme s'il contenait encore le corps du Seigneur, qui en réalité n'y était plus.

Jean a compris que le Verbe est ressuscité et que son corps est passé au travers du tissu. Par la suite il passera au travers des murs en Jean 20, 19 et 26.

La résurrection du Seigneur a imprimé son visage et a rigidifié le Voile.

Traduction du grec

Matthieu, Marc et Luc, décrivant l'ensevelissement de Jésus, emploient le terme grec « sindon » soit « drap de lin » ou « linceul ».

Jean, lui, emploie le terme « othonia », forme plurielle de « othonion » qui signifie « étoffe de lin », c'est-à-dire « les linges » (Linceul, Coiffe de Cahors, bandelettes).

Le terme « keimena » veut dire « gisants ».

Le mot « soudarion » signifie « suaire ».

Le mot grec « chôris » à deux sens possibles, soit « séparé, mis à part » selon Saint Jérôme, soit « distinct ».

Le mot grec « entetuligmenon » signifie « disposé en rond ».

Les termes « eis hena topon » se traduisent par « à la même place ».

La traduction devient alors :

Jean 20, 6-7 : « ⁶**Arrive, à son tour Simon-Pierre qui le suivait ; il entre dans le tombeau et considère les linges (Linceul de Turin, Coiffe de Cahors, bandelettes) gisants** ⁷**et le suaire (Voile de Manoppello) qui avait recouvert la tête ; non pas gisant à plat avec les linges, mais distinct, disposé en rond à la même place (ou enroulé, lui, en place).** »

Jean 20, 8 : « **C'est alors que l'autre disciple, celui qui était arrivé le premier, entra à son tour dans le tombeau ; il vit et il crut.** »

Les deux disciples voient les linges (Linceul de Turin, Coiffe de Cahors, bandelettes) exactement comme ils avaient été mis lors de l'ensevelissement du Christ au tombeau, sauf que les linges sont affaissés, gisants.

Les deux disciples voient le Suaire (Voile de Manoppello), se distinguant des autres linges. Il est resté enroulé, en rond, rigidifié dans la forme que lui donnait la tête de Jésus. Il est à la même place que lorsqu'il était posé sur le visage de Jésus.

Le corps du Christ est sorti du Linceul sans changer la disposition des linges. Jean en conclut d'une part que l'on n'a pas volé le cadavre comme le croit au début Marie-Madeleine, d'autre part que le Christ a traversé les linges.

Pour Jean, le Christ est donc ressuscité car son corps glorieux a traversé les linges. Pour Pierre, la visitation du Christ sera sans doute nécessaire pour qu'il croie.

Explication sur la position du Linceul et du Voile

Comment expliquer la position du Linceul, de la Coiffe et des bandelettes gisants à plat ? Comment expliquer la position du Voile enroulé, en place ?

L'image tant sur le Linceul que sur le Voile est due à une roussissure, une légère brûlure provoquée par un rayonnement électromagnétique (lumière). La source de cette lumière est le corps enveloppé dans le Linceul et le Voile.

Comment expliquer que le Linceul n'a pas gardé la mémoire de forme après la résurrection ? Comment expliquer que le Voile a seul gardé la mémoire de forme après la résurrection ?

Lors de la résurrection le Christ est en gloire comme lors de la transfiguration sur le Mont Tabor. Le Christ en gloire est lumineux, et cette lumière va produire une déshydratation et une roussissure des tissus mortuaires. Une fois le corps sorti, les tissus plus lourds vont s'affaisser. Le Voile en byssus, très léger, va légèrement se rigidifier et conserver sa forme pendant un certain temps.

Le Voile a acquis une mémoire de forme comme un linge repassé après amidonnage. Après avoir repassé un tissu, préalablement humidifié, avec un fer, celui-ci tend à garder la forme donnée au moment du repassage.

Le Voile de Manoppello, resté en place après la résurrection, vient corroborer la formation de l'image du Linceul et du Voile à partir d'une émission de photons émanant du corps lui-même et produisant un « coup de soleil », un éclat de chaleur …

3.3 Témoins de la Résurrection

Crédibilité des témoins

« **Ressuscité le matin, le premier jour de la semaine, il apparut d'abord à Marie la Magdaléenne, de laquelle il avait chassé sept démons.** » Mc 16, 9

« **Réellement le Seigneur est ressuscité, et il est apparu à Simon.** » Lc 24, 35b

« **Après cela, Jésus se manifesta de nouveau aux disciples au bord de la mer de Tibériade** » Jn 21, 1a

Les témoins de la résurrection sont des gens simples. Ils représentent le peuple. S'ils avaient inventé une histoire, les disciples n'auraient jamais dit qu'ils ne reconnaissent pas le Ressuscité qui les avait quitté trois jours auparavant.

Mais les témoins, en gens simples et honnêtes, ne font que raconter leur expérience du ressuscité tel qu'ils l'ont vécu. Les disciples ne reconnaissent pas Jésus ressuscité et le disent simplement.

Marie-Madeleine pense s'adresser au jardinier, alors qu'il s'agit de Jésus ressuscité. Elle ne le reconnaît que lorsqu'il l'appelle par son nom. À ce moment Jésus lui révèle son être intérieur (Jn 20, 14-16).

Les disciples d'Emmaüs cheminent avec Jésus sans le reconnaître. Ils le reconnaissent à la fraction du pain en se disant : « **Est-ce que notre cœur n'était pas brûlant en nous, lorsqu'il nous parlait …** ». La révélation leur vient par l'amour de cette présence dans leur cœur (Mc 16, 12 et Lc 24, 32).

Les apôtres eux-mêmes le voient au bord du rivage sans savoir qu'il s'agit du Maître (Jn 21, 4). Ils le reconnaissent lorsque Jésus leur dit de jeter le filet à droite de leur barque et qu'ils prennent beaucoup de poissons (Jn 21, 12).

Les disciples reconnaissent Jésus à son être intérieur. C'est bien le Christ. Mais son apparence extérieure a changé. Son corps n'est plus le même, c'est un corps de ressuscité avec des propriétés spécifiques.

Apparition aux femmes
Le matin de la résurrection le premier jour de la semaine, Jésus apparaît à Marie de Magdala dont il avait chassé sept démons nous dit Marc en 16, 9. Pourquoi Jésus a t-il choisi une femme, de surcroit ancienne démoniaque comme premier témoin ?

La crédibilité du témoin exige, surtout à l'époque, de choisir un homme. Le témoin choisi est assimilable à une déséquilibrée pour le commun comme ancienne démoniaque. D'ailleurs lorsque Marie Madeleine annonce sa rencontre, elle n'est pas crue (Mc 16, 11).

Marie de Magdala, Jeanne et Marie, mère de Jacques et d'autres femmes rapportent aux onze et aux autres disciples ce que les deux anges en habits éblouissants leur ont dit au tombeau. Mais ils ne les crurent pas, prenant les propos des femmes pour du radotage (Luc 24, 9-10).

Pourquoi avoir choisi des femmes comme premiers témoins ?

Les femmes sont, par leur côté intuitif, les plus à même de comprendre et d'accepter les grandes révélations. Les hommes par contre, par leur côté rationnel, sont plus lents à croire. Ils peuvent cependant approfondir la révélation pour mieux la comprendre..

Le Seigneur apparaît dans l'ordre de l'amour. Il apparaît d'abord à sa mère. Puis à Marie-Madeleine qui sait le prix que Jésus a payé pour elle l'ayant délivré de 7 démons. Puis à Pierre, son pontife.

Jean le croyant
Pierre et Jean vont au tombeau pour constater par eux-mêmes. Jean n'a pas besoin de voir le ressuscité pour croire, il lui suffit de voir les linges mortuaires.

Jean, c'est le disciple que Jésus aimait, nous dit la parole (Jn 13,23 ; 19,26 ; 20,2 ; 21,7 ; 21,20). Jean c'est le disciple qui est le plus en communion avec Jésus, le disciple qui comprend le mieux le mystère de Jésus. Étant le disciple qui connaît le mieux le Seigneur, c'est sans doute celui qui aime le plus. Le Seigneur s'adapte à nos possibilités d'amour comme nous le voyons avec Pierre lors de l'apparition de Jésus au bord du lac de Tibériade. Cette adaptation est respect de l'autre, si elle n'était pas, il y aurait écrasement du disciple devant l'incommensurable dimension de l'amour de Jésus.

La jeunesse de Jean, sa pureté de cœur lui permettent sans doute d'être l'homme qui adhère le plus au mystère de l'incarnation et de la rédemption. C'est le seul homme qui est présent au pied de la croix.

Apparition à Pierre

Luc nous apprend que le Seigneur est apparu à Simon. C'est ce que nous confirme d'ailleurs Paul en disant il est apparu à Céphas puis aux Douze (1 corinthiens 15, 5).

Simon Pierre est le chef du collège des apôtres (Catéchisme de l'Eglise catholique appelle Pierre le chef du collège des Apôtres (N° 880-881). C'est le premier homme qui voit le ressuscité. C'est un témoin de poids. Il va aider ses frères à croire.

Apparition aux disciples d'Emmaüs

Le même jour, dimanche jour de la résurrection, Jésus fait route avec deux disciples qui se dirigent vers Emmaüs. Les disciples ne le reconnaissent que lorsque Jésus prend le pain, le bénit, le rompt et le leur donne (Luc 24, 30).

Mais ces deux compagnons revenus l'annoncer aux autres ne sont pas crus non plus nous dit Marc en 16, 13. Et en Luc 24, 33-34 les deux compagnons trouvent les onze et leurs compagnons qui leur disent que le Seigneur est ressuscité et qu'il est apparu à Simon.

Alors les apôtres et les disciples ont-ils cru ou non les compagnons d'Emmaüs ?

Dans le témoignage de Marc et de Luc, les disciples sont dans le doute, basculant de la foi en leurs témoins à la difficulté de croire. La résurrection est un évènement tellement extraordinaire !

Apparition aux apôtres

Le soir de ce même dimanche Jésus apparaît aux disciples en l'absence de Thomas (Jean 20, 19-24). Il leur reproche leurs incrédulités et de ne pas avoir cru ceux qui l'avaient vu ressuscité (Marc 16, 14). C'est pour cela que Jésus leur montre ses poignets et son côté. En leur montrant ses plaies Jésus confirme son identité et le fait qu'il est ressuscité après être mort.

Apparition en Galilée

Le jeudi saint, au moment de la Sainte Cène, Jésus prévient ses apôtres. Il leurs dit qu'il sera frappé, que les disciples se disperseront, qu'il ressuscitera et qu'il les précédera en Galilée (Matthieu 26, 31-32 et Marc 14, 27-28). Au matin de la résurrection, les anges annoncent que Jésus les précède en Galilée (Matthieu 28, 7 et Marc 16, 7).

Jésus apparaît ensuite au bord du lac de Tibériade en Galilée (Jean 21). Les disciples reconnaissent Jésus quand il leur dit de jeter le filet à droite. Au verset 14, Jean nous dit que c'est la troisième fois que Jésus se manifeste aux disciples une fois ressuscité d'entre les morts.

Saint Paul nous dit dans sa lettre 1 Corinthiens 15, 5-7 : « **[5]et qu'il (Jésus) est apparu à Céphas (Pierre), puis aux Douze. [6]Après cela il est apparu en une seule fois à plus de cinq cent frères, dont la plupart sont encore vivants, et quelques-uns se sont endormis. [7]Ensuite il est apparu à Jacques, puis à tous les apôtres.** »

Un rassemblement public n'est pas possible à Jérusalem à cause des derniers évènements et de la persécution des Juifs. L'éloignement de la Galilée permet une certaine indépendance.

Il faut un peu de temps pour organiser ce rassemblement public en Galilée de plus de cinq cent frères. En effet les frères se sont dispersés après la mort du Seigneur. Il faut donc le temps de les retrouver, de les informer et de leur donner le temps de voyager vers la Galilée.

Reconnaissance de la divinité de Jésus par Thomas

Les disciples racontent à Thomas au verset 25 qu'ils ont vu le Seigneur. Mais Thomas ne peut les croire. Huit jours après, donc le dimanche suivant la résurrection, Jésus se manifeste aux disciples en présence de Thomas. Jésus au verset 27 dit à Thomas de mettre sa main dans son côté.

Jn 20, 24-29 : « **^{24}Or Thomas, dit Didyme, l'un des Douze, n'était pas avec eux quand vint Jésus. ^{25}Les autres disciples lui dirent donc : « Nous avons vu le Seigneur. » Mais il leur dit : « Si je ne vois dans ses mains la marque des clous, et si je ne mets mon doigt dans la place des clous, si je ne mets ma main dans son côté, je ne croirai pas. » ^{26}Et, huit jours après, ses disciples étaient de nouveau dans la maison, et Thomas avec eux. Jésus vint, les portes étant fermées, et debout au milieu d'eux, il dit : « Paix à vous ! » ^{27}Puis il dit à Thomas : « Porte ton doigt ici et vois mes mains, porte ta main et mets-la dans mon côté, et ne sois plus incrédule, mais croyant. » ^{28}Thomas lui répondit : « Mon Seigneur et mon Dieu ! » ^{29}Jésus lui dit : Parce que tu m'as vu, tu as cru ? Heureux ceux qui ont cru sans avoir vu. »**

Jésus, en Mt 12, 38-40, répond aux scribes et aux Pharisiens qui lui demandent un signe, en leur répondant par le signe de Jonas : sa mort et sa Résurrection le troisième jour.

Thomas est appelé à toucher du doigt la réalité de la Résurrection de Jésus-Christ. La Résurrection est le signe promis et donné par Jésus qui atteste qu'il est bien Dieu. Avec ce cri : « **Mon seigneur et mon Dieu** », Thomas reconnaît que cet homme Jésus, son Seigneur qu'il connaît, et aussi son Dieu.

Ascension du Seigneur

Luc nous informe dans les Actes des Apôtres en 1, 3 que Jésus s'est présenté vivant après sa passion et que les apôtres en ont plus d'une preuve. Pendant quarante jours, il leur apparait et leur parle du Règne de Dieu.

Luc nous raconte dans les Actes 1, 9 que Jésus s'éleva dans le ciel et qu'une nuée vint le soustraire aux regards des disciples. C'est l'Ascension de Jésus avec son corps de ressuscité.

Actes des apôtres et épitres

Le premier témoin indirect est Saul. La vocation de Saul est précisée dans le chapitre 9 des Actes des Apôtres.

Saul ne respirait que la menace et le meurtre contre les disciples du Seigneur. Il pensait défendre Dieu selon sa croyance juive. Il se fit missionner par le grand prêtre pour aller à Damas arrêter les Chrétiens. Et là, sur la route de Damas une lumière venue du ciel l'enveloppa de son éclat. Sur l'interrogation de Saul : « Qui es-tu Seigneur ? » Il reçoit la réponse en Actes 22, 8b : « **Je suis Jésus de Nazareth, que tu persécutes**...... ». Et Saul se convertit. Il change radicalement de vie et de nom. Désormais il sera Paul, l'apôtre des païens. Paul témoignera du changement radical dans sa vie à plusieurs reprises[17].

Paul souligne l'importance de la Résurrection de Jésus, fondement de notre foi, dans le premier épître aux Corinthiens dit, 1Co 15, 14 : « **Et si le Christ n'est pas ressuscité, notre prédication est donc vaine, vaine aussi votre foi.** »

Dans la première épître aux Corinthiens (15, 42-44) Saint Paul nous parle des propriétés du corps ressuscité : « ^{42}**Ainsi en est-il pour la résurrection des morts. Semé dans la corruption, le corps ressuscite, incorruptible ;** ^{43}**semé dans l'ignominie, il ressuscite glorieux ; semé dans la faiblesse, il ressuscite plein de force ;** ^{44}**semé corps animal, il ressuscite corps spirituel.** »

C'est cette Résurrection de Jésus, dans un corps libéré des contraintes que nous connaissons, qui atteste qu'il est Dieu.

Le corps ressuscité incorruptible. Il n'est plus soumis à la dégradation, à la vieillesse, à la maladie, à la souffrance, à la mort.

Le corps ressuscite glorieux. Le corps libéré de tous péchés manifeste la gloire de Dieu qui l'habite.

Il ressuscite plein de force. Il n'est plus soumis à la masse pesante qui le rattache à la terre. Il n'est plus soumis à la masse inerte qui l'empêche de se déplacer instantanément d'un point à un autre sans énergie.

---

[17] Actes des apôtres et épîtres

3.4 Écrits des mystiques sur la Résurrection

Brigitte de Suède

Brigitte de Suède (1302-1373) rapporte ses visions :

« *Comme l'âme est devenue immortelle et immuable en moi, ainsi le corps, par l'union avec elle, deviendra immortel ; il perdra sa pesanteur, il sera subtil et léger. Le corps glorifié passera à travers tous les obstacles et ne craindra ni l'eau ni le feu.*[18] ».

Le Seigneur annonce à Brigitte de Suède qu'à la Résurrection tout l'être de l'homme, y compris le corps, est immortel. Il ne craint ni l'eau, ni le feu.

Le corps perd sa pesanteur et devient léger.

Le corps devient subtil car c'est un corps spirituel que n'arrêtent pas les obstacles.

Le corps est glorifié.

Nous retrouvons les quatre dons du ressuscité.

Marie d'Agreda

Marie d'Agreda (1602-1665) nous dit dans ses écrits sur la résurrection :

« *et dans le même instant l'âme du Seigneur se réunit à son corps, et lui donna la vie et la gloire immortelle. En quittant le Linceul et les parfums, il fut revêtu des quatre dons de gloire, de la clarté, de l'impassibilité, de l'agilité et la subtilité, qui avaient été suspendus dans le temps de sa Conception, afin de le laisser passible, et de lui donner de mériter notre gloire, en suspendant la sienne. Ces dons lui furent rendus dans le degré et la proportion qui répondait à la gloire de son âme, et à l'union qu'elle avait avec la Divinité. La clarté qu'il eut surpassait celle des autres corps glorieux, comme la splendeur du Soleil, celle d'une Étoile. L'impassibilité rendit son corps inaltérable. La subtilité le rendit si pur, qu'il pénétrait les autres corps sans aucune résistance, comme s'il eût été un pur Esprit : c'est ainsi qu'il pénétra la pierre du sépulcre, sans la remuer et sans la rompre, en la manière qu'il était sorti du Sein Virginal de sa très-Sainte Mère. L'agilité le rendit si spiritualisé, qu'il*

---

[18] « Dialogue » de Brigitte de Suède, ch. XLI, extraits du paragraphe 53

surpassait l'activité des Anges : il pouvait par lui-même se transporter d'un lieu à un autre avec plus de vitesse qu'eux, comme il le fit quand il apparut aux Apôtres, et en d'autres occasions.[19] »

« La subtilité le rendit si pur, qu'il pénétrait les autres corps sans aucune résistance, comme s'il eût été un pur Esprit : c'est ainsi qu'il pénétra la pierre du sépulcre, sans la remuer et sans la rompre, en la manière qu'il était sorti du Sein Virginal de sa très-Sainte Mère.[20] ».

Marie d'Agreda nous rapporte les quatre dons : la clarté ou le don de gloire, l'impassibilité ou l'incorruptibilité, l'agilité ou la force, la subtilité ou le corps spirituel.

Maria Valtorta

Maria Valtorta (1897-1961) nous relate les paroles de Jésus à Jacques :

« *Je te promets que je viendrai te guider par mon Esprit, lorsque la glorieuse Résurrection m'aura délivré des limites de la matière.[21]* ».

Maria Valtorta nous relate la conversation de Jésus à Judas :

« *...je suis Un avec le Père et avec l'Amour, Un ici comme au Ciel — si en Moi existent les deux natures, et le Christ, par la nature humaine et tant que sa victoire ne l'aura pas libéré des limites humaines, est à Éphraïm et ne peut être autre part en cet instant; comme Dieu : Verbe de Dieu, je suis au Ciel comme sur la Terre, ma Divinité étant toujours omniprésente et toute puissante...[22]* »

Maria Valtorta nous relate les paroles de Jésus à ses disciples après sa Résurrection :

« *Mais pour Moi n'existe plus l'esclavage des distances. Et ces apparitions simultanées vous ont désorienté vous aussi. Vous vous êtes dit : « Ces gens-là ont vu des fantômes. » Vous avez donc oublié une*

---

[19] Maria d'Agreda « La cité mystique de Dieu » Tome second P 119-120 chez Seguin Ainé 1819
[20] Maria d'Agreda « La cité mystique de Dieu » Tome second P 119 chez Seguin Ainé 1819
[21] L'Évangile tel qu'il m'a été révélé » de Maria Valtorta, Tome 4, chap. 121, page 220
[22] Ibid - Tome 8, Ch 28, page 261

partie de mes paroles, c'est-à-dire que je serai dorénavant à l'orient et à l'occident, au septentrion et au midi, où je trouverai juste d'être, sans que rien ne me l'empêche, et rapidement comme la foudre qui sillonne le ciel. Je suis un Homme véritable. Voici mes membres et mon Corps, solide, chaud, capable de se mouvoir, de respirer, de parler comme le vôtre. Mais je suis le vrai Dieu. Et si pendant trente-trois ans la Divinité a été, pour une fin suprême, cachée dans l'Humanité, maintenant la Divinité, bien qu'unie à l'Humanité, a pris le dessus et l'Humanité jouit de la liberté parfaite des corps glorifiés. Reine avec la Divinité, elle n'est plus sujette à tout ce qui est limitation pour l'Humanité.[23] »

Il ressuscite plein de force ou l'agilité c'est le don d'être affranchi du poids de la matière.

Il ressuscité corps spirituel ou la subtilité c'est le don de pénétrer les autres corps sans rencontrer aucune résistance.

Il ressuscité glorieux ou la clarté c'est le don qui fait resplendir les corps glorieux.

Le corps ressuscite incorruptible ou l'impassibilité, c'est le don d'immortalité du corps.

Les dons avaient été suspendus pendant la vie terrestre de Jésus. Son corps devait rester passible pour nous mériter notre salut.

Thomas d'Aquin et Hugues de Saint Victor

Thomas d'Aquin, grand lecteur d'Hugues de Saint Victor, rapporte ses propos lorsqu'il aborde le sacrement de l'Eucharistie :

« *Hugues de Saint-Victor a prétendu que le Christ, avant la passion, assuma à des époques diverses les quatre dons d'un corps glorifié : la subtilité lors de sa naissance, quand il sortit du sein intact de la Vierge ; l'agilité, lorsqu'il marcha à pied sec sur la mer ; la clarté, dans la transfiguration ; l'impassibilité à la Cène, lorsqu'il donna à ses disciples son corps à manger. Et selon cette thèse, il donna à ses disciples un corps impassible et immortel.[24]* »

---

[23] « L'Évangile tel qu'il m'a été révélé » de Maria Valtorta Tome 10 page 174
[24] Thomas d'Aquin « Somme théologique » Partie 3 Question 81 Réponse

Pape Benoît XVI

Le pape Benoît XVI nous dit :

« ... *Mais, précisément, la résurrection du Christ est bien plus, il s'agit d'une réalité différente. Elle est – si nous pouvons pour une fois utiliser le langage de la théorie de l'évolution – la plus grande « mutation », le saut absolument le plus décisif dans une dimension totalement nouvelle qui ne soit jamais advenue dans la longue histoire de la vie et de ses développements: un saut d'un ordre complètement nouveau, qui nous concerne et qui concerne toute l'histoire...*

La résurrection fut comme une explosion de lumière, une explosion de l'amour, qui a délié le lien jusqu'alors indissoluble du « meurs et deviens ». Elle a inauguré une nouvelle dimension de l'être, de la vie, dans laquelle la matière a aussi été intégrée, d'une manière transformée, et à travers laquelle surgit un monde nouveau.[25] »

---

[25] Homélie du Pape Benoît XVI le Samedi Saint 15 avril 2006 à la Basilique Vaticane.

4 Signes de la Résurrection sur les linges

4.1 Signe de vie sur le Linceul

Résurrection

Les linges mortuaires sont étudiés dans le livre du même auteur : « *La Résurrection au risque de la Science.* » *voir bod.fr.*

Le corps de Jésus est dans le tombeau depuis le 14 Nisan de l'an 30 à 18h00. Mais soudain à l'aube du premier jour de la semaine, le corps n'est plus dans la sépulture…

Étude chirurgien espagnol
Sérénité du visage incompréhensible

L'image représentée sur le Linceul est celle d'un homme au **visage serein** et majestueux en totale contradiction avec le corps martyrisé.

Dès cet instant, l'image pose problème. Avec les sévices subis, comment l'homme représenté peut-il avoir le visage serein ?

A moins que les sévices soit du passé. En mourant sur la croix, Jésus a fait la volonté de son Père au point de pouvoir dire avant de mourir : « Tout est accompli ».

S'il revient à la vie dans son corps, après 3 jours selon les écritures, ne peut-il être serein étant victorieux du péché, de la maladie et de la mort même ?

Revient-il à la vie dans le même corps ou dans un corps transfiguré marquant l'étape ultime de l'évolution ?

Introduction

Le docteur Bernardo Hontanilla Calatayud est directeur du service de chirurgie plastique, reconstructive et esthétique de la clinique universitaire de Navarre (Espagne). Il a publié un article « *Signes de vie sur la Figure du Suaire de Turin* » dans la revue « *Scientia et Fides* » n° *8* en janvier 2020. Sa thèse consiste à montrer que l'image du corps sur le Linceul correspond pas à une personne inerte, comme on le croyait jusqu'à présent, mais à une personne vivante qui se lève.

Dans cet article, le docteur explique que plusieurs éléments laissent penser que la personne représentée grâce au Linceul de Turin était en vie. Il s'agit de la position du corps imprimé sur le Linceul tenant compte du développement de la **rigidité cadavérique**. De même, la présence de **sillons faciaux** indique que la personne est vivante. Le drap de Turin montre donc à la fois une image sanguine au moment de l'ensevelissement le vendredi avec des signes de mort, mais aussi une image jaune sépia au moment de la Résurrection le dimanche avec des signes de vie.

La réalisation frauduleuse d'un tel linge était impossible car les connaissances médicales, médico-légales et traitement d'image nécessite au moins la science du XXe siècle. Si nous suivons le récit évangélique, nous constatons qu'il y a une juste symétrie entre les données présentes dans l'image et celles qui y sont décrites dans la Bible, concernant la passion, la mort et la résurrection de Jésus.

Avec son regard de chirurgien plastique, le professeur Calatayud examine et trouve sur cette image plusieurs « *signes de vie* » d'un homme en train de se relever. Cet Homme du Linceul, dont tout indique qu'il est mort de mort violente, aurait laissé en plus sur Linceul, l'image de son premier mouvement de ressuscité...

Position du corps

Pour le docteur Calatayud, le Corps de Jésus a été complètement étendu au Sépulcre, tous les membres ont été contraints afin de les mettre en contact avec la pierre du tombeau. C'est-à-dire que, pour lui, les flexions des membres causées par la crucifixion ont été annulées par les fossoyeurs : ni les bras, ni le cou, ni les jambes ne sont plus fléchis, mais sereinement étendus. Or, et là est tout le problème, il en conclut que si l'on observe tout de même sur le Linceul une jambe plus fléchie que l'autre, une empreinte plantaire complète et une flexion légère du cou, ce sont là des signes que l'Homme enveloppé dans le Linceul est en train de se relever... Le docteur Calatayud reste ébahi devant ce paradoxe incompréhensible que constitue cette « *image d'un homme mort et vivant à la fois* » qui semble être dans « la posture d'un essai de relèvement ».

Le docteur effectue des tests sur des sujets masculins entre 30 et 40 ans avec un phénotype athlétique entre 1,70 et 1,80 m de hauteur. Lorsqu'on demande au sujet de se lever de la position couchée avec les mains croisées sur le région sus-pubienne, ils montrent un déplacement de ceux-ci vers les organes génitaux lors de la flexion du tronc, une élévation et une demi-flexion de la tête et un soutien d'une plante du pied avec moins de flexion de la jambe controlatérale et un certain degré de rotation interne comme observé dans le Linceul.

Dans les membres supérieurs, les muscles gravitationnels fléchisseurs tirent plus que les muscles gravitationnels extenseurs. Cependant, l'extension quasi-anti gravité des avant-bras et des mains observée dans le Linceul n'a reçu aucune explication. L'explication est dans le don de force, un des quatre dons que revêt le ressuscité qui le libère de la masse pesante et de la masse inerte comme nous verrons plus loin.

Présence de sillons nasogéniens et nasolabiaux sur le visage

L'auteur est dans son domaine de docteur en chirurgie plastique, esthétique et réparatrice. Les sillons nasogéniens et nasolabiaux sont les deux rides du visage s'étendant, en oblique, de l'aile du nez à la commissure labiale. Après la mort, même s'ils étaient très marqués du vivant du sujet, ils disparaissent ou s'effacent presque entièrement.

Or, le docteur Calatayud retrouve ces sillons bien visibles sur le Visage de Jésus.

Les sillons nasogéniens et nasolabiaux sont des sillons qui apparaissent bilatéralement en raison de la traction de certains muscles faciaux (Barton et Gyimesi 1997). Cette rainure se forme lorsque les muscles qui tirent vers le haut et obliquement vers la lèvre supérieure empêchent la peau de la joue et son compartiment graisseux, avec un contenu plus élastique, de pendre sur la peau de la lèvre supérieure avec l'âge. Ces rainures, selon le phénotype de la personne, apparaissent généralement à partir de 25 ans. Plus la personne est âgée et mince, plus les rainures seront marquées. La rainure disparaît en cas de paralysie faciale du côté affecté. En cas de paralysie faciale bilatérale, les deux sillons disparaissent. Une situation de paralysie faciale bilatérale apparaît à la mort lorsque les muscles du tracteur se détendent.

Dans un cadavre récent, les muscles faciaux se détendent (Wilkinson et Rynn 2011) et les sillons disparaissent (ils s'aplatissent énormément chez les gens ayant une profondeur de rainure très profonde), la lèvre inférieure descend (la descente serait plus prononcée en cas de mort en position verticale) et la bouche s'ouvre. C'est le moment initial de la flaccidité post-mortem. C'est une pratique courante de nos jours que, lors de la préparation des cadavres, un oreiller est placé à la nuque pour provoquer la flexion de celle-ci et ainsi maintenir la mâchoire contre le thorax et donc la bouche fermée.

La présence de ces rainures sur le visage imprimé dans le Linceul nous amène dans un premier temps à penser que la personne dans le drap est vivante. L'expression faciale ressemble plus à celle d'une personne endormie qu'à celle d'une personne décédée, car le tonus musculaire involontaire est maintenu pendant le sommeil.

La présence modérée et non exagérée des sillons exclut les spasmes faciaux dus à la souffrance.

Conclusion : image voulue d'un mort revenant à la vie
Le docteur Bernardo Hontanilla Calatayud pense que l'image imprimée dans le Linceul est celle d'une personne vivante.

C'est une toile qui appartenait à un rabbin juif qui a été enterrée selon la tradition juive après avoir été crucifié et fouetté conformément à la description des Évangiles.

L'image sanguine présente les signes statiques caractéristique d'une personne décédée (flagellation, saignement pré mortem et post mortem).

L'image jaune sépia du visage est l'image de Jésus ressuscitant au matin de Pâques.

L'image jaune sépia s'est formée à un moment où le sujet n'était soumis à aucune raideur post-mortem (30 à 36 heures après la mort).

L'image jaune sépia a été produite du vivant de l'homme car elle présente des signes dynamiques de vie (la posture de demi-flexion asymétrique observée dans les jambes, la demi-flexion de la tête, et surtout la présence de sillons nasogéniens marqués au niveau du visage et le placement des mains sur les organes génitaux).

Les signes indiquent que nous sommes devant une personne qui amorce un mouvement de se lever et donc un raccourcissement musculaire volontaire.

4.2 Formation de l'image jaune Sépia

Introduction

D'après le livre : « The new astonishing phenomenon detected on the Shroud » 2022 de Giuseppe Maria Catalano et la vidéo :

https://youtube.com/watch?v=xAVZp9tW5FU&si=JGnNVkeQqSM-NYSI

Une découverte importante a été faite en Italie par l'Institut international d'études avancées des sciences de la représentation spatiale.

L'enquête a été réalisée sur un négatif deux plaques de gélatine de bromure d'argent noir et blanc réalisées par Giuseppe Enrie en 1931.

La très haute résolution de l'image permet d'identifier et de reconstituer des parties du corps et des objets.

Cette étude se fonde sur des analyses réalisées à l'aide de procédures de géométrie projective (géométrie du rayonnement énergétique, géométrie descriptive, topographie et de photogrammétrie), technique utilisée en archéologie et appliquées au Linceul de Turin. Les sciences de la représentation spatiale dérivent de la géométrie projective qui permet la connaissance à d'énormes distances dans le microcosme et le macrocosme.

Image par projection de photons (lumière)

La science a établi que l'image jaune sépia du Linceul était formée par l'érosion infinitésimale des surfaces supérieures de fibres de lin pur qui sont torsadées ensemble pour produire les fils du tissu.

La matière n'a pas été transférée sur le tissu par contact. L'image est thermostable. Les parties de l'image qui croisent les marques de brûlure bien connues semblent inchangées.

L'image est due à l'effet de photo-oxydation dû à l'exposition au soleil. La couleur est plus saturée là où il y a une plus grande densité de fibres altérées enroulées autour de chaque fil. Les agrandissements révèlent que très peu de fibres sont altérées là où l'image s'estompe.

L'image a été générée à distance.

Image radiographique

Les négatifs photographiques du linceul révèlent des détails de plus en plus infimes et fins, tout comme une photographie d'un corps humain réel, mais l'image est également similaire à une radiographie, montrant des éléments à l'intérieur du corps, comme l'étirement de l'ongle encore intérieur du poignet de la main gauche et les objets superposés.

Tout comme les plaques radiographiques imprimées par un rayonnement énergétique, l'image du Linceul s'apparente à un négatif photographique. En photographiant ce négatif, on obtient le négatif ou un négatif, ou plutôt l'image positive du corps photographié.

Formation image jaune sépia

Des études plus poussées dans le domaine de la géométrie semblent également montrer que le rayonnement produit, et qui a imprimé les images sur la toile, n'aurait duré que quelques secondes et, provenant d'une source interne mais indépendante, aurait traversé le corps lui-même et émis des particules qui auraient créé des images sur la toile, des images d'un corps vivant et en mouvement.

La science confirme sans cesse ce qui est décrit dans les Évangiles.

Origine image
Position du corps et du Linceul

La restitution du corps révèle qu'il n'y avait aucun pli dans le tissu au moment de la formation de l'image. Le tissu était posé le long du devant du corps et presque à plat le long du dos.

Comme on le sait, le processus projectif est schématisé en distinguant trois éléments : l'étoile de projection, c'est-à-dire les droites en projection qui ont en commun le centre de projection, la surface de projection et la surface projetée.

Si les droites en projection sont parallèles entre elles, la projection est dite projection parallèle et le centre de projection est dit à l'infini, car le parallélisme des droites est obtenu par abstraction en déplaçant le centre de projection de la surface de projection à l'infini.

Origine rayonnement

Les images ont été produites par projection parallèle orthogonale sur le plan de la partie du tissu contenant l'image de l'avant du corps.

Deuxièmement, le rayonnement a produit les images de face et de dos du corps avait deux orientations opposées.

Troisièmement, l'énergie émanait du corps. Ceci est confirmé par l'absence d'images d'objets en dehors des contours du corps.

Le modèle projectif d'émission d'énergie reste immobile tandis que le corps et les objets bougent.

Cela signifie que l'énergie émane bien du corps, mais qu'elle provient d'une source infinie qui rayonne toujours dans la même direction avec deux orientations opposées.

Nous nous heurtons ici aux limites des notions géométriques que nous avons utilisées jusqu'à présent, liées à notre monde terrestre au médiocosme.

Pour comprendre l'origine du diagramme de projection du rayonnement, nous devons étendre la géométrie projective au macro et au microcosme. Comme la physique, les notions géométriques que nous utilisons pour expliquer les phénomènes terrestres ne suffisent plus dans le macro et le microcosme. Dans ces espaces. La notion de ligne droite n'est plus acceptable, car dans un sens absolu, c'est-à-dire qu'en l'absence d'observateur, le théorème de courbure de l'espace[26] montre que chaque ligne est en fait une circonférence.

On peut encore s'appuyer sur la notion de ligne droite pour représenter des phénomènes proches de nous, mais pour représenter les immenses étendues du microcosme et du macrocosme, nous sommes obligés de penser exclusivement en termes de circonférences. Donc, pour l'observateur humain, les lignes euclidiennes peuvent être appelées circonférences maximales.

Donc, l'énergie est émise par une source sur une circonférence maximale dans deux directions opposées avant de se retrouver en tout

---

[26] (Giuseppe M. Catalano, *Orthogonal Photographic Projection* 1'1_jectio11. CIPAXIII INTERNATIONAL SYMPOSIUM, Cracow, 1990.

point de la même circonférence. Par conséquent, ce point reçoit de l'énergie de deux orientations opposées.

Les lignes parallèles dans le médiocosme sont en réalité des circonférences maximales ayant le même point commun, le centre de projection, dans le cas d'une source d'énergie.

Cependant, la géométrie projective démontre également avec le Théorème Fini[27] que la source rayonnante peut être aussi bien éloignée dans le macrocosme que dans le microcosme à cause de ces espaces. Macrocosme et microcosme, divisé par une surface fermée, comme une sphère ou le corps ou le Linceul, sont, dans un sens absolu, équivalent. Donc une source lointaine dans le microcosme, à l'intérieur du corps, irradie dans deux orientations opposées. Tout comme une source lointaine dans le macrocosme, à l'extérieur du corps.

C'est le motif de projection qui explique comment le rayonnement atteint et oxyde le tissu en lin.

En résumé, une source de pulsations lointaines, à l'intérieur du corps, rayonne dans les deux directions opposées tous les atomes du corps en mouvement et des objets en mouvement.

Ce que nous avons décrit ici est ce que la science basée sur la géométrie projective a démontré jusqu'à présent.

L'étude du phénomène ouvre de vastes nouveaux domaines de recherche, d'intérêt mutuel pour la géométrie projective et la physique. Ce qui aura probablement un impact majeur sur toutes les branches du savoir et donc sur notre existence même.

Le Linceul est un objet scientifique sur un monde qui nous est encore inconnu, un livre de science que l'homme vient d'ouvrir.

Le rayonnement est émis dans deux directions. La source de rayonnement est très éloignée et à l'intérieur du corps

Le modèle projectif de l'émission d'énergie reste immobile, pendant que le corps et les objets bougent.

---

[27] Giuseppe M. Catalano, *Les dimensions de l'espace*, Institut international d'études internationales sur les sciences de la représentation spatiale. Palerme 2008.

4.3 Corps en mouvement

Introduction

D'après le livre : « The new astonishing phenomenon detected on the Shroud » 2022 de Giuseppe Maria Catalano et la vidéo :
https://youtube.com/watch?v=xAVZp9tW5FU&si=JGnNVkeQqSM-NYSI

L'enquête photogrammétrique révèle la présence d'images d'objets jamais observés dans les analyses précédentes (des clous, un perizonium, un type de sous-vêtement utilisé dans l'Antiquité, des chaînes, les anneaux d'une chaîne ornementale…).

Détection de mouvements

Le rayonnement produit l'image des mains, des pieds et des objets alors qu'il adopte différentes positions, c'est-à-dire lorsqu'il se déplace. Il existe des dizaines d'images des mêmes objets.

Le phénomène est similaire au résultat de la photographie stroboscopique, qui capture les images d'un objet en mouvement (ex : balle de tennis), sur une seule image, en utilisant un flash qui émet plusieurs éclats de lumière rapides.

Plusieurs images distinctes et séquentielles démontrent que l'homme, enveloppé dans le linge, commence à se déplacer après la mort. Les radiations, émises par le corps impriment sur le linge une séquence d'images superposées du corps et des objets visibles sur lui.

L'analyse photographique à très haute résolution montre comment les objets, et les membres mêmes du corps de l'homme du Linceul, sont imprimés plusieurs fois et dans des positions différentes, comme s'ils bougeaient au moment de la très forte émission de plusieurs flash de lumière qui les a imprimés.

Le mouvement de la main indique un effort musculaire. Par conséquent, un mouvement volontaire est extrêmement important. Cette découverte extraordinaire que les images ont été produites par des éclats d'énergie consécutifs et qu'elles montrent les différentes positions adoptées par la main pendant le mouvement bouleverse complètement les idées établies ouvrant une nouvelle façon de voir le contenu que la relique a transporté à travers le temps.

Membres
Bras et mains

Les bras sur l'image de face semblent être dans une position anormale. La symétrie du corps par rapport à l'axe longitudinal contraste fortement avec l'asymétrie des mains. Les bras sont symétriques jusqu'aux poignets, mais la main droite est plus basse que la gauche.

L'examen des doigts de la main droite produit un résultat inattendu. La configuration anatomique de la main droite démontre que le bras était déjà détaché de la surface du Linceul et que le poignet y était presque perpendiculaire lors de l'émission du rayonnement.

La même main droite est vue dans une position différente. Cette fois, elle est serrée dans un poing. C'est la première manifestation, très importante, du phénomène que nous avions initialement comparé à l'effet stroboscopique de la photographie moderne. En fait, entre ces deux positions, nous pouvons voir des fragments d'autres positions adoptées par la même main droite.

En attendant, le constat que cette configuration anatomique de la main indique **un effort musculaire, donc un mouvement volontaire,** est extrêmement important.

Cette découverte extraordinaire que les images ont été produites par des éclats d'énergie consécutifs, et qu'elles montrent les différentes positions adoptées par la main droite pendant le mouvement, bouleverse complètement les idées établies, ouvrant une nouvelle façon de voir le contenu que la relique a transporté à travers le temps.

Il s'agit d'une seule image sur le Linceul, mais plutôt de plusieurs images superposées les unes sur les autres sur le même photogramme pendant quelques secondes de transmission d'énergie.

Pied

Comme les mains, les pieds présentent également une nette anomalie. La position de la plante des pieds sur l'image dorsale du corps n'est pas compatible avec la position des jambes. En particulier, la semelle gauche est nettement décalée vers la gauche par rapport à la position de la jambe. En fait, les positions correctes sont également visibles, mais les images qui en découlent sont très faibles.

Objets détectés
Anneau

La restitution des segments de chaînes à proximité du poignet du bras droit est une autre démonstration que **les rayons de projection étaient parallèles**. La restitution montre que ces anneaux sont tous identiques et toroïdaux, c'est-à-dire en forme de beignet. Les deux courbes formant le contour apparent de chaque anneau ont les mêmes axes de symétrie, ce qui n'arrive qu'en projection parallèle. De plus, la vue latérale de l'anneau le plus bas est limitée à deux circonférences, confirmant qu'il s'agit de projections parallèles orthogonales.

Tous les anneaux, aussi bien ceux du bras droit que ceux de la jambe droite, ont une épaisseur d'environ 5 mm et un diamètre proche de 40 mm.

Petits anneaux

De petits anneaux formant une courte chaîne ont été détectés sur le côté gauche du visage près de la couronne. La restitution a montré que le profil de chacun de ces anneaux plus petits a un aspect plus fini que les anneaux simples et grossiers que nous avons identifiés plus tôt, suggérant une fonction décorative plutôt que pratique.

La petite chaîne, détectée plus tôt sur le visage, est également visible dans des positions différentes, moins distinctes. Le fait qu'il ait été identifié dans plusieurs positions différentes révèle qu'il y avait un mouvement lors de l'émission d'énergie qui oxydait le tissu.

Ceinture du caleçon et respiration

Une confirmation du modèle de projection qui a généré l'image provient de la détection d'un vêtement et notamment de sa ceinture.

Les contours clairs et linéaires de la ceinture indiquent qu'elle était faite d'un matériau plus épais et plus compact que le vêtement.

Les bords horizontaux de la ceinture sont congruents, c'est-à-dire qu'un bord peut être translaté et superposé à l'autre. La constance qui en résulte du segment AB entre deux points quelconques le long des bords dans la direction de translation est une confirmation supplémentaire que l'image est le résultat d'une projection parallèle orthogonale. De plus, la boucle, qui, en raison de ses contours très nets, est vraisemblablement en métal, constitue un anneau parfait.

Des marques sur la ceinture sont identiques à celles sur la peau du Python Regius, l'un des plus petits pythons africains.

D'autres images de la ceinture de caleçon peuvent être vues autour de ses images les plus claires.

La position prostrée du corps avec les poignets croisés aurait gêné l'expansion thoracique. **En effet, les mouvements de la ceinture peuvent être liés aux deux phases de la respiration abdominale.**

Clous

Entre les deux images les plus extérieures de la **main droite**, on trouve les contours ondulés d'un objet en forme de cigare, identifiable à un clou, avec une **extrémité dans la célèbre tache de sang** dense sur le Linceul, près de l'image du poignet. Et à l'intérieur, on voit les contours linéaires qui permettent de restituer un autre clou, similaire en forme et en taille au précédent. Les contours ondulés sur les côtés du clou, l'extrémité supérieure correspondant parfaitement au trou par lequel le sang s'est écoulé pour sortir de la tache, et le type de rayonnement pénétrant suggèrent que l'objet contenu par le trou l'a produit.

À côté de la tête du clou se trouvent quelques-unes des nombreuses images adjacentes de la même tête qui ont été laissées par le mouvement survenu lors de la transmission de l'énergie.

Un clou est visible dans la **main gauche** dans la célèbre tache de sang dense sur le linceul. Près de l'image du poignet et à l'intérieur on voit des contours linéaires qui permettent de restituer à un autre clou de forme et de taille similaire au précédent les contours ondulés sur les côtés du clou. L'extrémité supérieure correspondant parfaitement au trou d'où le sang s'est répandu pour sortir de la tache et le type de rayonnement suggère que l'objet contenant le clou est le trou

En attendant, il est important de noter qu'à côté de l'image du clou sur la main gauche se trouvent d'autres images similaires du même clou. Une autre image probablement du même clou a été détectée directement au-dessus du poignet de la main gauche. Cette fois cependant, ses contours sont beaucoup plus nets, ce qui suggère qu'il était en dehors de la main. La restitution révèle que la longueur réelle de la tige est de 125 millimètres et la pointe de 9 millimètres, alors que les côtés de la tête carrée mesurent environ 9 millimètres, tandis que les côtés de la tête carrée font environ 9 mm.

La main gauche s'est également déplacée vers le bas, et cela aussi était un **mouvement volontaire**. **Les mouvements de main ont déplacé les objets qui y étaient attachés.**

Les investigations menées restituent un clou sur **le pied droit**, là encore le clou a une tige effilée de section carrée comme les deux autres clous sur les mains. La pointe du clou a été détectée dans de nombreuses positions différentes près du talon. Les images sont très rapprochées et toujours superposées. En alignement avec la première image on peut voir **le trou avec un clou encore à l'intérieur** et bien d'autres images adjacentes et superposées.

En conclusion, l'homme a bougé et les objets comme les clous également.

Tefilah

En examinant le poing, nous pouvons voir le contour de quelque chose qui ressemble à une petite bande de tissu enroulée autour du milieu du pouce. Un nœud coulant sur une petite sangle aux contours linéaires distincts a été identifié. Le nœud est tenu entre l'annulaire et le majeur de la main gauche placé en position initiale. La même sangle peut être détectée dans de nombreuses autres positions, avec une petite boîte en forme de cube. Cela a été identifié comme une tefilah.

Les Tefilines sont des paires de Tefilah. Ce sont d'anciens objets juifs ayant une signification religieuse, portés uniquement par les hommes. L'un est enroulé autour du **bras gauche** et l'autre est étroitement attaché autour de la tête avec des lanières de cuir. Chaque sangle contient une boîte en cuir en forme de cube contenant quatre rouleaux de passages bibliques. Il s'agit d'une interprétation littérale du commandement biblique de lier la parole divine autour du bras près du cœur et entre les yeux près de l'esprit.

Plusieurs images de la sangle de tefilah qui, selon la foi juive, doit être nouée au-dessus **du front**, sont visibles sur le Linceul. Ensuite, il y a d'autres images, presque superposées, de l'objet positionné transversalement à cet axe, au-dessus des yeux. Encore une fois, les contours de l'objet sont distincts et il présente la même décoration en forme de losange.

Au centre, une boîte de tefilah est visible sur l'une des images à sangle oblique. Là encore, la boîte semble parfaitement cubique et posée sur un socle en carré, comme le prescrit la tradition juive.

Certaines des positions restituées par les images sur le front nous donnent des informations préliminaires sur la trajectoire suivie par la boîte. De sa position initiale haute, correctement placée sur l'axe du visage, il se déplace vers le bas sur une courte distance, puis s'incline en s'éloignant de l'axe avant de revenir vers l'arcade sourcilière.

La restitution montre que ce cube a les mêmes dimensions et le même ornement circulaire du boîtier relevé sur le bras gauche.

Bande de tissu recousue

L'image de face du corps montre le contour pâle, légèrement ondulé et irrégulier de ce qui a été établi comme étant une bande ou un tissu noué autour de la taille.

Cette bande de tissu fait immédiatement penser à la bande que l'on peut voir aujourd'hui rattachée à l'un des côtés longitudinaux du Linceul. D'une largeur d'environ 8 cm et d'une longueur de 386 cm, elle a été détachée du tissu puis soigneusement recousue, exactement là où elle se trouvait auparavant. Ses extrémités obliques s'arrêtent à 15 cm d'une extrémité de la bande la plus large et à 35 cm de l'autre. Il manque donc les deux segments d'angle marqués en bleu.

La bande sur l'ellipse mesure entre 7,8 et 8,6 cm de large. Si l'on calcule qu'un segment enroulé une fois et demie autour de la taille mesurerait 163 cm, et que l'on ajoute 126 cm pour la longueur de la partie avant et 97 cm pour la partie arrière, on obtient un total de 386 cm, soit la même longueur que la bande latérale réelle.

La restitution montre que les bandes correspondent.

Le rayonnement traverse les objets et en produit une image. Ainsi, l'énergie qui a laissé une empreinte sur le tissu du Linceul a également traversé la bande de lin nouée autour de la taille, que l'on voit aujourd'hui recousue à l'endroit où elle avait été arrachée ; et avant de laisser une empreinte de la bande sur le tissu, il faut qu'elle ait imprimé sur la bande l'image de la partie du corps traversée par les rayons de projection. Pour cette raison, l'image du Linceul sur la zone des mains a été comparée avec l'image de la bande elle-même refixée dans sa position actuelle.

Sur la bande est détectée une image de la main droite, de la boucle de la ceinture,

En conclusion, la bande recousue est la même bande qui a été enroulée autour de la taille de l'homme qui présente toutes les caractéristiques d'être Jésus de Nazareth.

En accord avec la vie de Jésus de Nazareth, l'hypothèse la plus probable est que **la bande** a été retirée pour soutenir le corps pendant qu'il était descendu de la croix.

La mort de Jésus a lieu vendredi 14 nisan an 30 à 15h00. Le sabbat commence à 18h00 et il faut que Jésus soit mis au tombeau avant le début du Sabbat.

Joseph et Nicodème vont rapidement au palais du gouverneur pour demander à Pilate de pouvoir récupérer le corps. Ils vont ensuite au magasin du temple achetait un Linceul en lin.

Pour déclouer le corps de Jésus et le descendre de la croix sans l'abimer, ils ont besoin « d'une corde ». Ils décident de couper une bande du Linceul de 9 cm de large sur 4, 35 m correspondant à la longueur du Linceul.

La bande aurait été posée autour de la taille comme on le voit sur le Linceul. Puis les deux extrémités auraient été relevées sur le patibulum et nouées ensemble derrière les stipes afin de soutenir le corps une fois les clous retirés. Enfin, une coupe nette et oblique sous le nœud aurait laissé tomber le corps.

Cela expliquerait pourquoi les extrémités de la bande latérale rattachée manquent.

Après la Résurrection, la bande aurait été recousue sur le Linceul. Le point de coupure est antique correspondant à celui d'un linge de Massada donc avant l'an 70.

Corps ressuscitant

La géométrie projective, qui étudie en termes simples les modèles géométriques de l'énergie rayonnée et les images que forme l'énergie, a été appliquée au Linceul de Turin. La géométrie projective aurait dû être la première science appliquée au Linceul, les autres sciences travaillant ensuite sur les résultats obtenus.

Une source pulsée située au plus profond du corps de l'homme au Linceul rayonnait tous les atomes du corps en mouvement et des objets en mouvement dans deux directions opposées.

Tous les résultats de restitution démontrent la présence d'un motif de projection jamais vu auparavant dans la nature, mais toujours scientifiquement possible. Cette découverte a été réalisée conformément à la méthode galiléenne de la science moderne.

Mais la science, sous forme de médecine légale et d'analyses de sang, a établi que l'homme du Linceul était mort lorsque le sang a imprégné le long tissu. Et comme on sait que le rayonnement n'est pas passé à travers les taches, on peut déduire que cela s'est produit après la formation des taches, c'est-à-dire après la mort de l'homme.

Le mouvement volontaire enregistré sur le Linceul s'est donc produit après la mort de l'homme.

L'homme du Linceul est revenu à la vie après sa mort, émettant de l'énergie qui a produit les effets que nous pouvons constater aujourd'hui. Mais cette nouvelle vie est différente de la première. La découverte de la photographie a permis de constater ces effets sur le Linceul.

L'homme du Linceul est revenu à la vie et les images sur la relique du Linceul en sont une des preuves.

La vie tend vers la vie. La vie mène à la conscience de soi et à l'autodéfense contre l'adversité.

L'homme est le seul être qui remet en question sa propre essence, sa propre existence, qui possède la capacité de pénétrer la réalité de l'univers.

Cette capacité est la science, qui existe pour nous aider à comprendre et à défendre la vie.

4.4 Linges mortuaires et les quatre dons
Cause de l'empreinte sur le Linceul et le Voile

La cause de l'empreinte du corps sur le Linceul s'explique par la première propriété du corps ressuscité, **la gloire** (1Co 15, 43a). La gloire fait resplendir les corps glorieux.

L'image des taches de sang sur les linges se forme pendant 36 heures dès que le corps est mis dans le Linceul et jusqu'à sa sortie du Linceul. Cette image se forme par contact et transfert de liquide entre le corps et les linges. Le Linceul a bien épousé le relief du corps au moment de l'ensevelissement, comme en témoignent les taches de sang du côté de la tête qui sont un peu décalées vers l'extérieur.

L'image du corps s'est imprimée postérieurement, au moment de la sortie du corps du Linceul. En effet, l'image du corps ne s'est pas imprimée sous les traces de sang. L'image de la face et de l'ensemble du corps est très précise ct n'a subi aucune déformation. L'image est le résultat d'une projection sur un linge absolument plan.

Les images des pièces de monnaie et l'objet ovale sous le cou laissent une trace sur le Linceul indiquant un effet thermique de production de l'empreinte. Les images des fleurs sont produites par irradiation avec un rayonnement.

L'empreinte sur le tissu est superficielle et correspond à une profondeur infime du tissu. L'image résulte d'une oxydation superficielle de la cellulose du lin due à un phénomène thermique. Les pièces posées sur les yeux de « l'homme du Linceul » ont, elles aussi, provoqué la même oxydation. Des fibres sur le Linceul et le Voile sont brûlées.

Au moment de la Résurrection, une lumière émane du corps du Christ. La lumière a, en même temps, un aspect ondulatoire (onde électromagnétique) et corpusculaire (photons). Cette lumière va produire une image par une légère brûlure sur le Linceul et sur le Voile.

L'image sur le Linceul est constituée d'une série de points colorés plus ou moins rapprochés. L'intensité de la teinte jaune dépend de la densité des points colorés. De même avec un agrandissement on remarque que le contour de l'iris sur le voile est en escalier. Ces éléments confirment l'impact sur les linges des particules de lumière, les photons.

Les chercheurs expliquent l'empreinte sur le Linceul, ses caractéristiques de tridimensionnalité[28] et d'isotropie[29]. L'empreinte est due à une émission de lumière à partir du corps lui-même avec une énergie considérable selon les chercheurs américains John Jackson[30] et Alan Wangher[31].

Don de gloire
Un cadavre froid, même embaumé, ne rayonne pas une chaleur capable de provoquer une oxydation de son linceul.
Cette image dynamique s'est produite au moment de la Résurrection, lorsque l'Esprit du Seigneur revient dans son corps au matin de Pâques. Il est revêtu du don de gloire, un des quatre dons, qui explique l'image jaune sépia par une émission de photons en provenance du corps.

<u>Intensité de l'empreinte sur le Linceul</u>
L'intensité de l'empreinte du corps du Linceul s'explique par la deuxième propriété du corps ressuscité, **la force** (1Co 15, 43b). La force c'est le don d'être affranchi du poids de la matière.
La position horizontale de l'homme dans le Linceul est confirmée par les coulées de sang après la mort, la position des jambes en légère flexion, la position des pieds.
L'empreinte sur le Linceul présente des particularités : absence d'aplatissement du corps au niveau des épaules, absence d'aplatissement du corps au niveau des fesses et des mollets, silhouettes de face et de dos de même intensité malgré le poids du corps. Les spécificités de l'empreinte de l'homme n'ont qu'une explication, le corps n'est plus soumis à la pesanteur. Le corps de Jésus n'est plus soumis aux lois physiques. Cela explique que les silhouettes de face et de dos sur le Linceul sont de même intensité.

---

[28] Informations trois dimensions contenues sur les deux dimensions du Linceul
[29] Absence de toute direction dans l'image, de direction privilégiée de lumière.
[30] Directeur du Turin Shroud Center of Colorado
[31] Professeur au Duke University Medical Center de Durham

Don de force

Un gisant ne laisse pas de traces comme aériennes sur le linge qui l'enveloppe. »

Voilà bien l'insoluble paradoxe : lorsqu'un homme se relève, les points d'appui de ses membres exercent une pression plus forte que le reste du corps sur la surface où il se trouve. Dans le cas du Linceul, cela devrait logiquement s'observer par des marques plus fortes sur le tissu.

L'américain Jackson a démontré que : « *Si l'on étudie les points de l'image frontale qui sont en contact avec le linge (nez, pectoraux), l'on constate que les niveaux d'intensité sont les mêmes que les niveaux les plus sombres de l'image dorsale. C'est important, parce que si c'est un corps enveloppé dans un linge, la pression n'est pas la même sur la partie dorsale et sur la partie ventrale où elle se réduit à celle que fait le poids du linge. Or, tout se passe* **comme si les pressions étaient identiques**. *Comment expliquer cette non-différence ?* »

Au moment de la Résurrection, lorsque l'Esprit du Seigneur revient dans son corps au matin de Pâques, Jésus est revêtu du don de force, un des quatre dons, qui explique qu'il n'a plus de masse (pesante et inerte).

Sortie du corps du Linceul

La sortie du corps du Linceul s'explique par la troisième propriété du corps ressuscité, **le corps spirituel** (1Co 15, 44). Le corps spirituel c'est le don de pénétrer les autres corps sans rencontrer de résistance.

Le matin de Pâques un « évènement » se produit. Le corps n'est plus soumis aux principes d'exclusion de Pauli. Ce principe explique que deux particules de matière ne peuvent pas occuper le même espace-temps. Le corps passe au travers de la Coiffe, du Linceul et du Voile sans laisser de traces d'arrachement des fibrilles du lin ou des caillots sanguins. En effet le corps contenu dans le Linceul de Turin est sorti du Linceul sans laisser de traces de la séparation corps-tissu : absence de traces d'arrachement des fibres du lin et de traces d'arrachement des caillots sanguins. Un pansement qu'on arrache garde des traces de croutes et de fibres arrachés, rien de tel sur le Linceul.

Jésus ne sort pas des toiles funèbres. Il passe à travers les linges Jésus ne sort pas non plus par l'entrée du sépulcre. Il le traverse par la propriété du corps ressuscité. Par sa résurrection, Jésus passe d'un corps à dimension temporelle à un corps à dimension éternelle. Il n'est plus soumis aux lois physiques. La pierre du tombeau a été roulée pour être un signe de la résurrection.

Don de corps spirituel

L'annonce de la résurrection a eu lieu le troisième jour. L'image imprimée sur le Linceul s'est produite lorsque Jésus-Christ initie un mouvement de soulèvement le troisième jour après sa mort.

Au moment de la Résurrection, Jésus est revêtu du don du corps spirituel, un des quatre dons. Jésus se lève et passe à travers les linges.

<u>Disparition du corps de Jésus</u>

Le fait de ne pas retrouver le corps mort de Jésus s'explique par la quatrième propriété du corps ressuscité, **l'impassibilité**. L'impassibilité, c'est le don d'immortalité du corps.

Le corps ressuscité n'est plus soumis à la mort. Le corps ressuscité n'est plus soumis aux lois de la biologie. Le corps de Jésus n'a jamais été retrouvé. Il est monté au ciel avec son corps ressuscité, le jour de l'Ascension.

Don d'impassibilité

Jésus meurt le 14 Nissan à 15h00, moment où les Juifs immolent l'agneau. Jésus ressuscite le 16 avant l'aube préservant son cadavre de la corruption conformément aux Écritures.

Ps 16, 10 : « **Car tu ne livreras pas mon âme au schéol, tu ne permettras pas que celui qui t'aime voie la corruption** »

Jésus a vaincu le péché, la maladie et la mort elle-même. Son retour à la vie est dans une nature transfigurée revêtu des quatre dons que nous avons perdus après le péché originel.

Jésus revient à la vie de 36 à 40 heures après sa mort, avant que son corps ne se décompose.

Récit de la résurrection

Une image ténue du visage existe à l'envers [32] du Linceul, mais il n'y a pas d'image au niveau de l'envers du dos. L'image de face est doublement superficielle : évidente sur l'endroit, très faible sur l'envers.

L'image sur le Voile de Manoppello existe des deux côtés du tissu.

Au moment de la résurrection, le corps rayonnant imprime son image sur le Linceul. Au niveau de la tête, le rayonnement rencontre d'abord la Coiffe puis le Linceul. L'image du Linceul est donc affectée de la présence de la Coiffe. Puis le Christ ressuscité glorieux traverse la Coiffe qui se détache de la tête.

Ensuite le devant du corps traverse la partie supérieure du Linceul de façon optimum pour que les radiations laissent une empreinte. En traversant, l'autre côté du Linceul reçoit un peu de rayonnement ce qui explique la double superficialité de l'image.

La partie dorsale du corps ne traverse pas la partie inférieure du Linceul mais laisse son empreinte par contact direct avec le linge et par rayonnement. Le Linceul et la Coiffe s'affaissent sur eux-mêmes.

Le visage traverse ensuite le Voile de Manoppello et laisse son empreinte des deux côtés du Voile. Le Voile est un très fin byssus (espèce de soie marine). Il s'imprime donc facilement des deux côtés par effet de la lumière (rayonnement et photon). Le Linceul en lin, linge plus épais, ne s'imprime nettement que d'un côté. L'autre côté laisse une image très tenue l'énergie n'étant plus suffisante.

Le Linceul en lin s'affaisse sous l'action de la gravité. Le Voile en byssus garde la mémoire de forme. C'est un tissu très fin qui, sous l'effet de l'humidité et de la chaleur, reste dans le positionnement que lui avait donné le visage de Jésus (effet amidonnage repassage).

Le corps a traversé le Linceul par le haut ce qui explique la double superficialité et les informations tridimensionnelles du devant du corps, et l'absence de double superficialité et de tri dimension du dos. Le corps a traversé le Voile de Manoppello ce qui explique la double superficialité et les informations tridimensionnelles de l'image du visage.

Les radiations ont été optimales pour réaliser l'empreinte sans altérer le tissu. Quelques fibres semblent brûlées au niveau de l'image des cuisses sur le Linceul et au niveau des pupilles du Voile.

---

[32] Face cachée jusqu'en 2002 par la Toile de Hollande

5 Autres signes de la Résurrection

5.1 Miracles Eucharistiques don de gloire

Plus de 150 miracles eucharistiques sont étudiés dans le livre du même auteur : « ***Miracles Eucharistiques, Signes de la Résurrection*** ».

Plus de 110 miracles nous montrent que l'hostie consacrée c'est Jésus enfant, adulte, en agonie. Dans 38 cas, les prodiges nous montrent que les hosties consacrées sont Jésus ressuscité. Elles témoignent donc d'un ou de plusieurs des quatre dons du ressuscité.

Don de Gloire

Les miracles eucharistiques concernés par le don de gloire sont :
- Erfurt (Allemagne) en l'an 1249 ;
- Bawol (Pologne) en l'an 1345 ;
- Weiten-Raxendorf (Autriche) en l'an 1411
- Ponferrada (Espagne) en ll'an 1533 et 1526 ;
- Patierno (Italie) en l'an 1772

Sur ces 6 miracles nous retenons celui de **Patierno Italie 1772**.

En 1772, Alphonse de Ligori, est évêque de Sainte-Agathe des goths. Il est dans sa soixante-dixième année. En raison de son état de santé, il se retrie à Arienzo au sud de son diocèse.

En mars ou avril 1772, des amis fréquentant les cercles royaux de Caserta (« Versailles » des rois de Naples) viennent l'informer du miracle de Patierno en Italie.

Ligori n'est pas un homme crédule. Il écrit : « *La plupart des visions et révélations privées sont fausses et mensongères.* » et « *Il y a plus de visions fausses que de vraies.* »

Ligori mène son enquête sur les prodiges de Patierno. Il demande au prêtre de cette paroisse, Don Joseph Lintner, de lui envoyer un rapport sur le miracle. Il demande au cardinal Antonin Sersale, archevêque de Naples, de lui communiquer les pièces du procès canonique.

Alphonse de Ligori rédige un « *Rapport sur la découverte miraculeuse des saintes hosties volées dans une paroisse du diocèse de Naples l'an passé 1772* ». Il est publié chez Paci en novembre 1773 à la fin de son ouvrage : « *Réflexions sur divers sujets spirituels* ».

Écrits d'Alphonse de Ligori
L'apparition des lumières

« *L'an passé 1772, au lieu dit Saint-Pierre de Patierno, diocèse de Naples, le matin du 28 janvier on trouva ouvert le tabernacle de l'église paroissiale. Manquaient les deux ciboires ainsi que les nombres hosties consacrées qu'ils contenaient. Parmi la population ce ne furent, les jours suivants, que larmes et désolation, mais, malgré les recherches, on n'arriva pas à savoir ce qu'étaient devenus les ciboires et les saintes Espèces.*

Or voici que le jeudi 19 février, alors qu'il passait le soir près d'un terrain appartenant au duc delle Grottolelle, un jeune homme de dix-huit ans, Joseph Orefice (éboueur ou balayeur d'ordures, analphabète), aperçut une quantité de lumières, pareilles à des étoiles resplendissantes. Il les vit encore le lendemain soir. Aussi, revenu chez lui, il en parla à son père, mais celui-ci ne le crut pas. Le jour suivant, longeant le même endroit une heure avant le lever du soleil, accompagné de son père et de son jeune frère de onze ans, nommé Jean, ce dernier se tournant vers son père lui dit : « Père, voici les lumières dont Joseph vous a parlé hier soir et vous n'avez pas voulu le croire. » Le même soir les deux fils Orefice, regagnant leur domicile, aperçurent encore les lumières au même lieu. Joseph en informa alors son confesseur, don Jérôme Guarino. Ce dernier, escorte de son frère, prêtre lui aussi, don Diego, se rendit aussitôt à l'endroit où les lumières étaient apparues ; en même temps il envoya chercher Joseph, qui accourut avec un de ses frères et un dénommé Thomas Piccino. Mais les prêtres ne virent rien.

Le lundi 25 février, Orefice retourna au lieu habituel avec Piccino (18 ans, tailleur de pierres) et un autre jeune homme, Charles Marotta (18 ans journalier). En route, ils rencontrèrent deux étrangers qu'ils ne connaissaient pas ; ceux-ci, ayant arrêté les jeunes gens, leur demandèrent qu'elles étaient ces nombreuses lumières que l'on voyait distinctement et qui scintillaient comme des étoiles. Ils répondirent qu'ils l'ignoraient ; puis, ayant pris congés des étrangers, ils se rendirent en toute hâte au lieu où ils avaient déjà aperçus ces lueurs. Ils notèrent l'endroit, distant de quelques pas de la haie où se dressait un peuplier plus grand que les autres, puis ils allèrent trouver les deux prêtres et leur racontèrent ce qui leur était arrivé en chemin. Tous ensembles, ils retournèrent à l'endroit repéré. Se joignit à eux un enfant de cinq ans, neveu des deux prêtres, qui se mit à crier : « Voici les lumières : ce sont deux chandelles. » (Ces lumières en effet, n'apparaissaient pas toujours de la même manière.) Orefice voyait, lui aussi, ces deux lumières, déclarant qu'elles brillaient comme deux étoiles. Les apercevaient également Piccino et Marotta ainsi que trois autres enfants Guarino, précisément à côté du peuplier.

Après quoi, ils entendirent une grande rumeur et des gens invitèrent les prêtres à venir voir, dans un pailler situé au milieu du terrain, une grande lumière pareille à une flamme. Une femme, Lucie Marotta, s'était jetée la face contre terre à l'endroit même où cette lumière était apparue. Les prêtres accoururent, ainsi que de nombreuses autres personnes. On demanda à la femme de se relever, puis on commença à creuser à cet endroit, mais on ne trouva rien. Tandis que s'en retournaient chez eux les deux frères Orefice, Joseph et Jean, accompagnés de Thomas Piccino et de Charles Morotta, ces jeunes gens, une fois sur la route royale, entendirent encore crier les personnes restées sur le terrain. Ils y revinrent donc et c'est alors que Piccino tomba brusquement la face contre terre. Joseph ensuite, après quelques pas, se sentit poussé derrière les épaules et lui aussi chuta soudain le visage sur le sol. Au même moment et de la même façon tombèrent également les deux autres, c'est-à-dire Charles Marotta et Jean, frère de Joseph. Tous les quatre ressentaient un choc à la tête comme s'ils avaient reçu un grand coup de bâton. »

Les premières hosties retrouvées

« S'étant relevés et s'étant avancés de quelques pas, les quatre jeunes gens virent jaillir de dessous un peuplier, à peu de distance, une splendeur aussi vive que celle du soleil et, du milieu de celle-ci, s'élever à la hauteur de quatre ou cinq paumes une colombe qui différait peu de la lumière elle-même. Puis cet oiseau redescendit à terre jusqu'au pied de l'arbre d'où il était parti et disparut et, avec lui, le resplendissement. Ce que signifiait cette colombe, on ne le sait, mais que ce fût un être surnaturel, cela paraît certain. Toutes les personnes que nous avons nommées l'ont attesté sous la foi du serment devant le vicaire (général) de Naples.

Tous ceux qui étaient là s'écrièrent alors : « Voici d'où viennent les lumières ! » et s'étant agenouillés, ils commencèrent à chercher les saintes hosties. Tandis que Piccino creusait le sol avec les mains, il en vit sortir une aussi blanche que du papier. Ils se mirent aussitôt à appeler les prêtres. Don Diego Guarino arriva, s'agenouilla, recueillit la sainte hostie dans un linge de lin blanc au milieu des pleurs et de l'attendrissement de tous ces gens qui fondaient en larmes.

Dès lors, le prêtre ordonna une recherche encore plus active ; on remua donc une autre portion de terrain et voici que soudain apparut un ensemble de près de quarante hosties qui n'avaient nullement perdu leur blancheur bien qu'après avoir été dérobées elles fussent restées enterrées près d'un mois. On les déposa dans le même linge et l'on recueillit même la terre où on les avait retrouvées.

D'autres prêtres accoururent et firent apporter un ciboire, une cotta, et une étole, ainsi qu'un baldaquin et des torches et ils envoyèrent immédiatement un prêtre et un gentilhomme demander au vicaire général ce qu'il fallait faire. Celui-ci ordonna de ramener processionnellement les hosties à l'église. Ce qui fut fait. On arriva à l'église vers les cinq heures et demie de la nuit et les hosties furent déposées dans le tabernacle. Cela se passait dans la nit du 24 février. »

Nouvelles apparitions de lumières

« Le peuple chrétien n'était pourtant qu'à demi consolé car manquait le plus grand nombre d'hosties selon le compte qui en avait été fait. Mais voici que le lendemain soir, mardi 25, on vit de nouveau apparaître au même endroit une petite lumière, assez brillante. L'aperçurent beaucoup de gens, des paysans, des gentilshommes et des prêtres parmi les quels don Diego Guarino et don Joseph Lintner. Ce dernier, tout à fait apeuré, désigna un pied de moutarde qui se trouvait là et se mit à crier : « O Jésus ! O Jésus ! Voyez là cette lumière ! Voyez là ! » et les autres virent alors une clarté très brillante qui s'élevait à une paume de main et demie au-dessus du sol et dont le sommet ressemblait à une rose. Joseph Orefice affirmera maintes fois que cette lumière fut si resplendissante que, pendant quelques temps, il en eut les yeux aveuglés.

Alors de nouveau on fit diligence pour retrouver le reste des hosties ; mais en vain. Cependant le soir du mercredi 26 février, une quantité de lumière à l'intérieur du pailler fut aperçue par trois soldats à cheval du régiment Bourbon : Pascal Baiocco, Joseph Lanzano, et le caporal Philippe Pon zani. Ils déposeront ensuite devant le vicaire général que, patrouillant dans les alentours du palais royal où résidait en ce moment sa majesté (Ferdinand IV), ils virent, en l'endroit décrit plus haut, plusieurs lumières pareilles à des étoiles brillantes.

De plus, le même soir, revenait de Caserta don Ferdinand Haam, gentilhomme de Prague en Bohème, chancelier et secrétaire de l'ambassade de l'empereur d'Autriche. Passant vers les trois heures de la nuit par la route royale qui avoisine le terrain dont nous avons parlé, il descendit de calèche pour aller voir le lieu où, deux jours plus tôt, on avait retrouvé les hosties volées. Il trouva là beaucoup de monde et notamment don Joseph Lintner, qu'il connaissait et qui lui raconta à la fois le vol et la mystérieuse découverte des hosties. Mais après avoir entendu le récit du prêtre, Haam lui dit que, passant en ce lieu vers trois heures de la nuit huit ou neuf jours auparavant, c'est-à-dire le 17 ou le 18 du mois, alors qu'il ne savait encore rien des événements, il avait aperçu une grande quantité de lumières, près d'un millier, et, derrière celles-ci, une foule silencieuse et recueillie. Effrayé de ce qu'il voyait, il avait alors demandé au cocher la raison de tant de lumières. Celui-ci répondit que l'on accompagnait peut-être le saint Viatique porté à un malade. « Non répliqua don Ferdinand, car on entendrait alors sonner les clochettes. » Il se demanda si ces lueurs ne provenaient pas de quelques sorcelleries, d'autant plus que le cheval s'était arrêté et refusait d'aller plus avant. Le cocher descendit du véhicule, mais il fut impossible de faire reprendre le chemin à la bête qui, tout apeurée, s'ébrouait. Finalement, après bien des peines, l'animal fut tiré hors de là comme par une force ; puis, une fois l'endroit dépassé, il se mit à courir si vite que le cocher disait : « Jésus, qu'y avait-il donc ? » Ainsi don Ferdinand regagna-t-il Naples empli d'une grande crainte.

Le soir du jeudi 27, vers une heure de la nuit, Joseph Orefice et Charles Marotta retournèrent au même endroit où ils rencontrèrent don Jérôme Guarino et don Giuseppe Lintner ainsi que d'autres personnes, qui, prosternées à terre, pleuraient : elles avaient vu, auparavant, en effet, apparaître et disparaître à plusieurs reprises une petite lumière. Alors Orefice s'agenouilla et récita à haute voix les actes de foi, d'espérance et de charité ; puis il retourna avec les autres voir cette lumière apparaissant tel un cierge allumé qui, sorti de terre, s'élevait à quatre doigts du sol, puis retournait s'y cacher. Après quoi, il plaça une repère sur le lieu où la lumière est apparue. »

Découverte du reste des hosties

« *Don Guarino qui, lui, ne voyait rien, de la main traça sur le sol le signe de la croix, puis il demanda à son frère Joseph de creuser la terre avec une pioche à cinq dents du côté gauche de la croix ; mais rien ne fut retrouvé. Tandis que l'on s'apprêtait à creuser à un autre endroit, Joseph Orefice, qui demeurait agenouillé, porta la main au sol et trouva celui-ci mou et s'éboulant. Il en avisa don Guarino. Celui-ci se fit alors donner un couteau par son frère et il en donna un coup à l'endroit marqué du signe de la croix et, tandis qu'il l'enfonçait, on entendit un bruit comme si on eut brisé plusieurs hosties unies ensemble. Retirant le couteau, il tira en même temps une motte de terre et, jointe à celle-ci, une masse d'hosties. Abasourdi à cette vue, le prêtre s'écriait en son étonnement : « Oh ! Oh ! Oh ! » après quoi, il s'évanouit et lui tombèrent des mains le couteau, la motte de terre et les hosties.*

Dès qu'il fut revenu de sa pâmoison, don Guarino tira de sa poche un mouchoir blanc en lin blanc et y déposa les hosties ; les ayant ainsi enveloppées, il les replaça dans le fossé où elles avaient été trouvées ; en effet, par suite de la frayeur qu'il avait éprouvée, il n'avait pas la force de se soutenir. Aussitôt on informa le curé et celui-ci rejoignit l'endroit où il trouva tout le monde agenouillé devant ce saint Trésor caché. S'étant informé de ce qui était arrivé, il repartit de l'église et, de là, envoya le baldaquin, de nombreuses torches de cire et un calice où furent déposées les saintes Espèces. Les assistants tinrent l'ombrellino déployé au-dessus d'une table couverte de soie et beaucoup de gens, cierges allumés en main, s'agenouillèrent autour du Saint-Sacrement. Un peuple nombreux accouru non seulement du pays, mais encore des villages voisins avec leurs prêtres et tous de pleurer d'émotion.

En toute hâte, don Lintner et Joseph Guarino allèrent trouver le vicaire général. Ils revinrent vers les dix heures (du matin) avec l'ordre de ramener solennellement en procession à l'église paroissiale de Saint Pierre de Patierno les hosties retrouvées. Ce que l'on fit, tous chantant en chemin les louanges du Seigneur. A l'église fut donnée la bénédiction avec le calice au milieu des larmes et des cris émus de tout ce peuple qui ne cessait de pleurer et de remercier Dieu qui l'avait ainsi consolé. »

Reconnaissance

Le procès diocésain dure deux ans de 1772 à 1774. Pour l'enquête canonique, dix-sept hommes, des séculiers et des prêtres, tous témoins oculaires, déposent sous la foi du serment. La circonférence des hosties correspond parfaitement à celle du fer employé pour leur composition qui atteste qu'elles proviennent de l'église Saint-Pierre.

L'avis de trois théologiens est demandé le 5 novembre 1772. Ils déclarent tous le 6 juillet 1774 que les lumières aperçues ne peuvent avoir une cause diabolique ou naturelle. Ces feux n'eurent lieu que là où les hosties étaient cachées et cessèrent dès que les hosties eurent été retrouvées. Il est inexplicable que ces hosties enterrées durant un mois d'hiver et en un moment de pluies incessantes, aient été récupérées indemnes et conservant leur blancheur primitive.

L'un des trois hommes de science, Domenico Cotugno de l'université de Naples s'exprime ainsi sur le sujet : « *L'extraordinaire apparition des lumières, changée en tant de manières et la conservation intacte des hosties déterrées, ne peuvent s'expliquer par des principes physiques et dépassent les lois naturelles. Par conséquent on doit les considérer miraculeuses.* »

Le 29 août 1774, le vicaire général de Naples, Mgr Jacques Onorati, évêque de Teano atteste la véracité des faits : « *Nous disons, nous décrétons et nous déclarons que ladite apparition des lumières et la conservation intacte des hosties sacrées pendant tant de jours en terre, a été et est un authentique miracle opéré par Dieu.* »

Les hosties sont placées en deux ampoules de cristal enchâssées d'argent que l'on dépose dans le tabernacle.

En 1967, le cardinal archevêque Corrado Ursi écrit dans une bulle proclamée à l'occasion de l'élévation de l'église Saint-Pierre en sanctuaire diocésain eucharistique : « *Le prodige de Saint-Pierre à Partieno est un don et un avertissement divin pour tout notre archidiocèse. Sa voix ne doit pas s'affaiblir, mais doit pousser efficacement les fidèles à considérer le message concernant le « Pain de la vie pour le salut du monde, lancé par Jésus à Capharnaüm.* »

En 1972, le Professeur Pierre de Franciscis, enseignant de physiologie humaine à l'université de Naples, confirme cette sentence dans sa « *Relation sur la découverte des hosties sacrées le 24 février 1772 à Patierno dans l'église Saint-Pierre.* »

Commentaires

Joseph Orefice aperçoit une grande quantité de lumière (don de gloire) manifestant la présence d'hosties volées.

Les hosties sont blanches et intactes après être restées un mois en terre par le don d'incorruptibilité.

5.2 Miracles eucharistiques, autres dons

Don de force

Les miracles eucharistiques concernés par le don de force sont :
- Bettebrunn (Allemagne) en l'an 1125 ;
- Douai (France) en l'an 1254 ;
- Offida (Italie) en l'an 1273 et 1280 ;
- Poederlee (Belgique) en l'an 1412 ;
- Guadalupe (Espagne) en l'an 1420 ;
- Faverney (France en l'an 1608 ;
- Courneuve (France) en l'an 1918 ;
- Lourdes (France (1999).

Nous retiendrons le cas de Faverney très marquant par la durée du miracle : 33 heures ! et le cas de Lourdes dont le miracle, filmé par la télévision nationale, est disponible sur « You tube ».

Faverney (France), an 1608, don de force

Les moniales bénédictines s'installent à Faverney en Haute-Saône entre 747 et 1132. Les premières traces de l'abbaye Notre-Dame la Blanche datent du VIIIe siècle. En 1132, l'abbaye est rattachée aux moines bénédictins de la Chaise-Dieu.

Au début du XVIIe siècle, La bourgogne est sous la tutelle de la maison d'Autriche qui lui accorde une autonomie avec un parlement à Dole. Le pays est gouverné par l'infante d'Espagne, fille de Philippe II d'Espagne, et son mari l'archiduc Albert d'Autriche.

Le calvinisme commence son chemin dans la contrée avec les troupes de Wolfgang des Deux-ponts en 1569 et les soldats de Tremblecourt en 1595. Malgré les efforts de l'archevêque de Besançon, Ferdinand de Rye (1586-1636), les idées nouvelles font leur chemin.

En 1608 l'abbaye de Faverney est en décadence et ne compte que six religieux et deux novices. L'abbé commendataire, Jean Darroz, est évêque de Lausanne. Le prieur Jean Sarron dirige la communauté. C'est une période de tiédeur spirituelle où la règle n'est guère suivie.

L'église des moines est dédiée à Notre-Dame-la-Blanche. Des centaines d'enfants morts sans baptême seraient revenus à la vie.

Les religieux de Faverney ont reçus l'autorisation du Pape pour exposer pendant trois jours de pentecôte la Sainte Hostie.

Un miracle eucharistique s'est produit les 26 et 27 mai 1608 à Faverney. L'événement est arrivé le lendemain et le surlendemain de la Pentecôte dans l'église abbatiale de Faverney, ancien comté de Bourgogne, aujourd'hui département de Haute-Saône.

Le 24 mai 1608, veilles de la Pentecôte, les religieux préparent les lieux pour l'exposition du Saint Sacrement. Le reposoir est constitué d'une simple table couverte de nappes avec une pierre sacrée, surmontée d'un tabernacle et couverte de corporaux pour recevoir l'ostensoir.

Lors des vêpres du samedi, le prieur pose le reliquaire ostensoir en agent de 300 grammes. Il contient, dans un tube de cristal un doigt de Sainte Agathe, et dans une lunule d'argent deux hosties consacrées le matin à la messe. Les moines placent de part et d'autre, deux veilleuses et deux chandeliers d'étain.

Le jour de la Pentecôte, l'adoration du Saint Sacrement se poursuit jusqu'aux vêpres. Ensuite l'église est fermée à clef pour la nuit. Les bénédictins n'assurent pas une permanence auprès du Saint Sacrement. Ils laissent toute en place avec quelques cierges allumés.

Le lundi 26 mai, lendemain de la pentecôte, à trois heures du matin, le sacristain, Dom Jean Garnier, sonne l'office des matines. Une odeur âcre de fumée le saisit à la gorge. Il se précipite dans la nef enténébrée. Il regarde incrédule le petit tas de choses informes qui achèvent de se consumer en lieu et place du reposoir. Les cierges en fondant ont mis le feu à l'autel. Atterré, il court et appelle des secours répétant en sanglots : « *Mon reposoir, ma chapelle !* ».

Les religieux, les habitants accourent et se rendent à l'évidence. La table d'autel est transformée en braises rouges et en morceaux calcinés. Les religieux retrouvent un chandelier tordu par la violence des flammes, et la plaque de marbre support du reposoir brisée en trois morceaux. Ils retirent intacts des cendres le bref apostolique et la lettre de l'évêque. Les religieux cherchent à retrouver l'ostensoir qui aurait dû, avec son précieux dépôt, être la proie des flammes. Ils écartent avec des pinces les débris, remuent les charbons et cherchent.

Le jour naissant éclaire alors l'église. Soudain, levant les yeux à l'endroit où étaient posés le reposoir et le reliquaire, un novice, Frère Antoine Hudelot, âgé que de quinze ans, aperçoit à travers la fumée l'ostensoir, à sa place initiale, mais désormais suspendu à cinq pieds de hauteur. « Le voilà ! »

Merveille ! L'ostensoir est resté à la place où il se trouvait. Le reposoir s'est effondré, mais le vase sacré qui renfermait le Corps du Christ n'a pas bougé : il est là, à la même place, à environ 2,50 m. du sol, un peu incliné sur le côté et sur l'avant… intact. Il est là suspendu dans les airs, sans support, sans fil, défiant les lois de la gravité et toute logique. Il est soutenu par l'invisible force de Dieu réellement présent dans l'Hostie (voir le don de force, signe de la Résurrection dans « *La Résurrection au risque de la Science* » du même auteur).

L'un des religieux étend la main vers l'ostensoir pour le prendre et le mettre en lieu sûr. Les autres l'arrêtent : c'est un prodige, un miracle. Il faut chercher des témoins, appeler les foules, publier cette merveille. Par précaution, les moines posent en dessous du reliquaire-ostensoir une nappe, un corporal déplié. Ils allument des cierges, et font quérir les capucins de Vesoul comme témoins.

Le soir même, tous écrivent un mémoire à l'archevêque de Besançon. La relique de sainte Agathe et la bulle des indulgences, accordées par le pape, furent retrouvées également intactes.

La négligence des religieux a été pour Jésus l'occasion de manifester sa puissance par un merveilleux miracle.

La nouvelle se répand. Les capucins de Vesoul, les habitants de Faverney, de Vesoul et de Montbéliard, viennent contempler devant l'ostensoir toujours immobile. Durant toute la journée du lundi, les foules accourues des environs défilèrent dans l'église de Faverney.

Des protestants accourent aussi pensant découvrir la supercherie. Mais le fait est là, indiscutable. Un des protestants témoigne que ne pouvant croire à la réalité de ce prodige bouleversant ses convictions, il entra et sortit trente fois avant de se rendre à l'évidence et d'adorer pleinement et sans retour le Jésus de l'Hostie.

La nuit se passe. La matinée du mardi la foule continue à se presser. A l'autel les prêtres entourés de leurs paroissiens célèbrent leur messe. Au grand autel, un prêtre d'un village voisin, Monsieur le Curé de Monoux, offre à son tour le Saint Sacrifice. Il en est presque à la Consécration lorsque l'un des cierges que l'on avait placé devant l'ostensoir s'éteint aux environ de 10h00. Dom Jean Garnier le rallume… il s'éteint encore une fois. Les yeux de tous les assistants sont fixés sur l'autel. Là-bas, la clochette annonce l'élévation de l'Hostie. Voici l'ostensoir qui bouge, se redresse et, au moment même où le prêtre repose l'Hostie sur autel, il descend lentement, sans tomber sur la table préparée à cet effet. Plus de mille témoins, présent à la messe, contemplent et sont bouleversées. Le miracle est fini. Il a duré trente heures.

L'ostensoir avec l'Hostie consacrée est resté 33 heures suspendu à environ 2,50 mètres du sol. 33 ans c'est la durée où le Christ est resté sur notre terre. 33 ans c'est l'âge où le Christ va vivre sa passion, sa mort et sa Résurrection.

Une enquête est réalisée par les procureurs et avocats fiscaux de l'officialité diocésaine du 26 mai au 4 juin 1608. Ils entendent cinquante trois témoins dont sept moines et plusieurs anciens protestants. Ils remettent à l'archevêque leurs conclusions écrites. Ferdinand de Rye, l'archevêque de Besançon, publie le miracle le 10 juillet 1608. Le Pape Pie IX reconnaît le miracle le 16 mai 1864

Le 18 décembre, le vicomte Mayeur de Dole émet le souhait de conserver les deux hosties dans sa ville fortifiée plutôt qu'à Faverney alléguant le fait que cette bourgade est mal défendue et exposée aux querelles des protestants. L'une des deux hosties est transférée dans la Sainte Chapelle de la collégiale Notre-Dame de Dole, et l'autre est conservée à Faverney.

L'hostie de Dole est profanée en 1793 pendant la période révolutionnaire. Le maire de Dole, exalté, avale l'hostie. L'unique hostie ayant survécu à la Révolution est depuis exposée dans son reliquaire-ostension tous les lundis de Pentecôte dans l'église abbatiale. Une dévotion spéciale aux Saintes Hosties existe toujours à Dole et surtout à Faverney.

Vingt mille pèlerins font le voyage à Faverney en 1958 pour assister au congrès eucharistique qui célèbre le 350e anniversaire du miracle.

Les moines bénédictins assurent la continuité de la prière jusqu'en 1789. L'abbaye est alors vendue comme bien national.

L'église est érigée en basilique par le pape Pie X en 1912.

L'immense bâtisse de l'ancienne abbaye bénédictine est située près de la Basilique Notre-Dame-la-Blanche de Faverney. Elle est actuellement section de philosophie du grand séminaire de Besançon.

Lourdes (France), an 1999, don de force

Que penser du prodige eucharistique qui a eu lieu à Lourdes ?

Article du 2 juin 2007, numéro 1533 de Famille Chrétienne par le père Alain Bandelier

« Oui, il s'est passé quelque chose d'étrange à Lourdes le 7 novembre 1999. C'était au cours de l'assemblée annuelle de la Conférence épiscopale. Une concélébration solennelle avait lieu dans la basilique souterraine. La messe était retransmise en direct par la télévision (Antenne 2, à l'époque) dans le cadre de l'émission du dimanche matin, « Le Jour du Seigneur ».

Étant donné les dimensions de la basilique, il est probable qu'aucun des assistants n'a remarqué la chose. Les seuls témoins directs sont les trois évêques qui se trouvaient à l'autel - les deux premiers sont aujourd'hui décédés : le cardinal Billé, qui présidait la célébration, le cardinal Eyt et le cardinal Lustiger. On pourrait ajouter comme témoins l'un des cadreurs, celui dont la caméra prenait les vues de l'autel, et le réalisateur, qui était à la régie, mais ils n'ont sans doute pas fait attention à ce détail. Toujours est-il que l'on a pu voir sur les téléviseurs allumés ce matin-là une image inattendue. Elle a été enregistrée et on peut la visionner sur Internet.

Quelques années après, la nouvelle se répand de plus en plus. On trouve de nombreux commentaires et débats sur le Net ; quelques allusions dans le forum des sanctuaires de Lourdes ; des dialogues particulièrement animés sur le forum du diocèse d'Amiens.

De quoi s'agit-il ? C'est le début de la prière eucharistique. Sur la patène, il y a deux hosties de concélébration (pains azymes circulaires de grande dimension), posées l'une sur l'autre. Les concélébrants étendent les mains sur le pain et le vin en invoquant l'Esprit-Saint. À ce moment précis, le pain du dessus se soulève nettement, d'environ un centimètre, oscille un peu et s'immobilise, en apparente lévitation. Ensuite, chaque fois que l'autel est filmé en plan rapproché, la même image surprenante apparaît.

Il ne faut pas crier trop vite au miracle, c'est sûr. D'ailleurs un prodige n'est pas un miracle. Mais il ne faut pas dire non plus qu'il y a un truc ! Qui donc aurait imaginé, et plus encore réalisé, un piège à hosties ! Il n'y a que deux hypothèses : phénomène naturel ou phénomène surnaturel ? Si l'on dit qu'il y a une explication naturelle, il faut la fournir. Ce n'est pas une illusion d'optique, car la prise de vue est objective. Ce n'est pas un phénomène électromagnétique, car le pain est une matière neutre. Des responsables de l'émission, après visionnement et agrandissement de l'image, estiment que c'est un phénomène mécanique : les deux hosties étaient peut-être humides (pourtant les sacristains de Lourdes sont sérieux), la chaleur des projecteurs a décollé l'hostie du dessus, elle a pris une forme concave, au centre elle repose toujours sur la patène.

Ceux pour qui l'événement a un caractère surnaturel font remarquer qu'il y a bel et bien un espace entre les deux hosties ; on peut constater que cet espace change de couleur selon l'arrière-plan (malgré la mauvaise définition d'une image vidéo analogique, on peut identifier ces changements liés à la couleur des chasubles des concélébrants et à leurs mouvements). En tout état de cause, il y a une coïncidence troublante entre ce mouvement inédit de l'hostie et l'appel à l'Esprit-Saint, moment essentiel de la prière eucharistique (selon la théologie et la liturgie de nos frères d'Orient, c'est même à cet instant que s'accomplit la consécration).

Sans clore le débat et sans donner à la chose une importance démesurée, il est permis d'accueillir cette image et de la méditer dans son cœur. On peut la recevoir comme un signe. Jean-Paul II puis Benoît XVI nous ont redit que l'Eucharistie, Sacrement de la Charité, est au cœur de l'Église, de sa vie, de sa mission. Le pain de la terre devient Pain du Ciel. Par l'épiclèse la pâte humaine est comme soulevée par l'Esprit. La consécration « met dans la création le principe d'un changement radical, comme une sorte de fission nucléaire ».

Père Alain Bandelier Sacramentum caritatis, n° 11

https://www.dailymotion.com/video/x2hh2g

Au moment de l'épiclèse où les concélébrants disent : « Ton Esprit », l'hostie du dessus frémit et se soulève. N'est-ce pas un signe pour signifier que la consécration a lieu au moment précis de l'épiclèse ? Ceci correspond à la croyance des églises orthodoxes.

L'épiclèse s'adresse au Père, et 1999 est l'année du Père instituée par Jean-Paul II.

Dons de corps spirituel et de force
Les miracles eucharistiques concernés par le don de corps spirituel manifestent aussi le don de force. Ces miracles sont :
- Les Billettes (France) en l'an 1290 ;
- Fraga (Espagne) en l'an 1460 ;
- Alcoy (Espagne) en l'an 1568 ;
- La Viluenã (Espagne) en l'an 1601.

Nous retiendrons le cas de **La Vilueña (Espagne), an 1601**

La Vilueña est une commune d'Espagne dans la province de Saragosse. Sur le maître-autel de l'église est gravée la date 1601 du miracle eucharistique.

Le 8 novembre 1601, Pedro de Goni, époux de Jeanne de Heredia, décède. Deux enfants montèrent au clocher pour sonner l'enterrement le soir même. Après les funérailles les enfants descendirent de la tour. Pour faire peur à son camarade un des deux enfants s'écria : « *Que le mort t'emporte !* ». Effrayé l'autre enfant, jette sur la table d'autel sa chandelle allumée, et se sauve précipitamment. L'autre garçon ferme les portes de l'église sans rien remarquer et s'en retourne chez lui.

La bougie enflamme les nappes d'autel. Le feu embrase le tabernacle et le retable en bois. Il se propage ensuite au plafond en caisson et à la toiture de l'église. A cette heure les gens de Vilueña sont tous endormis.

Un homme de Munebrega, qui logeait au village, se lève la nuit entre une et deux heures du matin pour soigner ses montures. Observant le ciel, il remarque une lueur et aperçoit les flammes sur le toit de l'église. Il donne immédiatement l'alerte.

Les habitants accourent pour tenter d'éteindre le feu. Mais il est trop tard, l'église est entièrement en feu et le chœur est empli de braises.

Le curé, messire Pierre Colàs, et quelques unes de ses ouailles s'inquiète pour le Saint-Sacrement. Au milieu des braises ardentes et fumantes, ils arrivent au tabernacle brûlé mais demeuré fermé à clé. Le curé l'ouvre mais n'y trouve pas le vase sacré contenant l'Eucharistie. Il demeure perplexe. Le tabernacle, pourtant jusque là fermé, ne contient ni le petit coffret, ni la pyxide, ni argent liquéfié.

Alors avec des pelles deux hommes fouillent les braises à la recherche du ciboire bien que cela semble inutile car celui-ci était dans le tabernacle demeuré fermé à clé à l'arrivée du curé et des chrétiens.

Mais soudain, à une distance de quinze pieds (environ 4,5 mètres) à partir du tabernacle, on découvre le Saint-Sacrement sur une brique. Il est toujours couvert du taffetas cramoisi qui le voile d'habitude. Le feu a épargné son créateur. Les braises forment autour de lui comme une chapelle d'une aune de hauteur et sur le taffetas resplendissent trois petites étincelles comme de petites étoiles.

Le Saint-Sacrement a échappé aux flammes. La pyxide avec les Saintes Espèces est sortie du tabernacle fermée et s'est transportée sur une brique. Les nombreuses cruches utilisées pour éteindre l'incendie ne se sont pas brisées en tombant du haut de l'église. De nombreux malades sont guéris.

Aussitôt le village se met à louer le Seigneur pour la merveille qu'il lui est donné de voir.

Le curé informe l'évêque de Tarazona, Don Diego de Yépes. L'évêque réalise une visite pastorale sept ans après les faits. Il découvre les hosties consacrées en parfaite état de conservation. Le prélat les consomme craignant peut-être qu'elles se corrompent.

Les habitants sont frustrés de perdre ainsi les sainte Espèces. Ils conservent cependant la pyxide du miracle dans le tabernacle. Une colonne sur un piédestal est élevée pour perpétuer le souvenir du lieu du miracle. Une confrérie du Saint-Sacrement est instituée. Chaque année, le 9 novembre, le prodige est célébré.

Le curé découvre le tabernacle brûlé mais fermé à clé. Puis il voit à environ 4, 5 mètres le Saint-Sacrement.

La pyxide avec les Saintes Espèces est sortie du tabernacle fermée et s'est transportée sur une brique grâce aux dons de force et de corps spirituel du ressuscité.

Tout est soumis à Jésus ressuscité. Le feu a épargné son créateur. Les nombreuses cruches utilisées pour éteindre l'incendie ne se sont pas brisées en tombant du haut de l'église. De nombreux malades sont guéris.

Don d'incorruptibilité

Les miracles concernés par le don d'incorruptibilité sont :
- Lanciano (Italie) au VIIIe siècle ;
- San Juan de Las abadesas (Espagne) en l'an 1251 ;
- Breda Niervaart (Pays-Bas) en l'an 1300 :
- Alcalá (Espagne) en l'an 1597 ;
- Sienne (Italie) en l'an 1730 ;
- Pézilla (France) en l'an 1793 ;
- Onil (Espagne) en l'an 1824 ;
- La Celle (France) en l'an 1863 ;
- Silla (Espagne) en l'an 1907 ;
- San Mauro la Bruca (Italie) en l'an 1969.

Nous retiendrons le cas très marquant de **Lanciano** (Abruzzes) pour son ancienneté (**au VIIIe Siècle**) et donc pour la durée du miracle.

Un moine basilien célèbre la messe en rite latin dans l'église dédiée à saint Legonziano. Après la consécration, il a un doute sur la présence réelle du Christ sous l'apparence des saintes Espèces. C'est alors que l'hostie consacré se changea en un morceau de chair et le vin consacré en du sang réel qui se coagula en cinq caillots irréguliers de forme et de tailles différentes. Le miracle est consigné sur un très ancien parchemin, mais ce lui-ci fut volé aux franciscains par deux moines basiliens. Les seuls textes restant sur le miracle datent du XVIe et XVIIe siècle. Heureusement les reliques ont été conservées.

Au XIIe siècle, le couvent passe aux bénédictins et en 1253 aux franciscains conventuels. En 1258 ces derniers reconstruisent l'église et la dédient à Saint François. Ils quittent les lieux en 1809, lorsque Napoléon 1er supprime les ordres religieux. Ils ne reviennent dans le couvent qu'en 1953. Les reliques, enfermées dans un reliquaire en ivoire, sont conservées dans l'église Saint-Legontien puis Saint-François.

Au moment des incursions turques dans les Abruzzes, Jean-Antoine de Mastro Renzon, frère mineur, emporte les reliques le 1er août 1566 pour les sauver. Il marche alors toute la nuit mais se retrouve au matin aux portes de Lanciano... Il comprend alors qu'il doit rester avec ses compagnons pour garder les reliques sur place. Les reliques sont dans un vase de cristal posé dans armoire de bois fermée de quatre clés.

A partir du XVIe siècle, les reliques sont vénérées et portées en procession lors des nécessités graves et urgentes.

Depuis 1923 la « chair » est exposée dans le soleil d'un ostensoir. Les caillots de sang desséché sont contenus dans un calice de cristal dans le pied de cet ostensoir. Plusieurs reconnaissances de ces reliques ont eu lieu en 1574, 1637, 1770 et 1886.

En novembre 1970, l'archevêque de Lanciano, Mgr Perantoni et le ministre provincial des conventuels des Abruzzes obtiennent l'autorisation de Rome pour demander un examen scientifique des reliques vieilles de douze siècles.

L'entreprise est confiée au docteur Odoardo Linoli, chef de service à l'hôpital d'Arezzo et professeur d'anatomie, d'histologie, de chimie et de microscopie clinique. Il est aidé du professeur Ruggero Bertelli de l'Université de Sienne. Le docteur Linoli effectue des prélèvements sur les saintes reliques le 18 novembre 1970.

Le 4 mars 1971, le professeur produit un compte rendu détaillé des études effectuées avec les conclusions suivantes :

1 La « chair miraculeuse » est vraiment de la chair, constituée du tissu du musculaire strié du myocarde.

2 Le « sang miraculeux » est du sang véritable car l'analyse chromatographique le démontre avec une certitude absolue.

3 L'étude immunologique manifeste que la chair et le sang sont bien de nature humaine. L'épreuve immunohématologique permet d'affirmer que l'un et l'autre appartiennent au groupe sanguin AB[33].

4 Les protéines contenues dans le sang sont normalement réparties, dans un pourcentage identique à celui du schéma aéro-protéique du sang frais normal.

5 Aucune section histologique n'a révélé la trace d'infiltrations de sels ou de substances conservatrices utilisées dans l'antiquité aux fins de momification. Ce fragment de myocarde a été laissé à l'état naturel pendant des siècles. Il a été exposé à l'action d'agents physiques atmosphériques et biochimiques. Sa conservation est un mystère.

La relation du professeur Linoli est publié dans « *Quaderni Sclavo in Diagnostica* » 1971, fasc. 3 (Grafiche Meini, Siena).

---

[33] C'est aussi le groupe sanguin trouvé sur la Tunique d'Argenteuil, le suaire d'Oviedo et le Linceul de Turin (voir « La Résurrection au risque de la Science » de Pierre Milliez)

Aussi en 1973, le conseil supérieur de l'organisation mondiale pour la santé, O.M.S. /O.N.U., nomme une commission scientifique pour vérifier, par des expériences de contrôle, les conclusions du clinicien italien. Cinq cents examens sont réalisés sur quinze mois. La conclusion confirme la déclaration et la publication italienne.

La conservation depuis douze siècles n'est pas explicable par la science, en l'absence de substances conservatrices, antiseptiques, anti fermentatives et momifiantes. Les vases qui renferment les reliques n'empêchent pas l'accès de l'air, de la lumière, ni l'entrée de parasites d'ordre végétal ou animal véhiculés par l'air. Le fragment de chair est un tissu vivant car il répond rapidement à toutes les réactions cliniques propres aux organismes vivants. La chair et le sang sont conservés tels que s'ils avaient été prélevés le jour même sur un être vivant.

En décembre 1976, l'extrait-résumé des travaux de la commission médicale de l'O.M.S./O.N.U est publié à New York et à Genève. La conclusion est : la science, consciente de ses limites, s'arrête devant l'impossibilité de donner une explication.

Une pierre tombale de 1631 décrit le miracle eucharistique :
« *Un moine prêtre douta de la présence du corps de Notre Seigneur dans l'hostie consacrée. Il célébra la messe et, après avoir prononcé les paroles de consécration, il vit l'hostie se transformer en chair et le vin en sang. Tous les assistants furent témoins de l'événement. La chair est encore entière et le sang est divisé en cinq parties inégales ayant le même poids aussi bien unies que chacune séparément.* »

La chair est de la chair humaine. Elle fait partie du myocarde du ventricule gauche. On identifie bien les vaisseaux des artères et des veines, ainsi qu'un double et mince fragment du nerf vague.

Le sang est humain de groupe AB comme la chair.

Les substances sont celles de tissu humain, normales et fraîches. La conservation de la chair et du sang, laissés à l'état naturel pendant douze siècles et exposés à l'action des agents atmosphériques et biologiques, est un phénomène extraordinaire.

Chacun des cinq caillots de sang pèse 15, 85 grammes, ce qui est le poids exact des cinq caillots pesés ensemble !

La chair et le sang de Lanciano sont comme vivants. Or par le sacrement de l'Eucharistie, c'est bien un être vivant, Jésus, le ressuscité de Pâques qui se donne à nous. Jn 6, 51 « **C'est moi qui suis le Pain vivant descendu du ciel ; si quelqu'un mange de ce pain, il vivra éternellement ; et le pain que je donnerai, c'est ma chair, pour la vie du monde.** »

La chair de Lanciano est un tissu du cœur. Celui-ci symbolise l'amour que Jésus nous témoigne. L'eucharistie c'est le sacrement de l'amour de Dieu pour l'homme…

Dons multiples

Les miracles eucharistiques concernés par les dons multiples du ressuscité sont :
- Cologne (Allemagne) en l'an 1153 ;
- Santarem (Portugal) en l'an 1247 ;
- Zlabings (Tchéquie) en l'an 1280 ;
- Glotowo (Pologne) en l'an 1290 ;
- Deggendorf (Allemagne) en l'an 1337 ;
- Amsterdam (Pays-Bas) e l'an 1345 ;
- Poznan (Pologne) en l'an 1399 ;
- Erding (Allemagne) en l'an 1417 ;
- Ettiswil (Suisse) en l'an 1447 ;
- Turin (Italie) en l'an 1453 ;
- Volterra (Italie) en l'an 1472.

Nous retiendrons le cas de **Turin (Italie), an 1453.**

En mai 1453, René d'Anjou passe les Alpes et envahit le Piémont avec deux mille hommes et cinq cents cavaliers. Les troupes piémontaises résistent et s'emparent dans la vallée d'Oulx, du village d'Exilles appartenant au Dauphiné. Elles sont cependant ensuite défaites.

L'armée piémontaise met à sac Exilles. Des hommes du peuple participent au pillage. Les ornements sacrés, un ostensoir avec la sainte Hostie sont dérobés dans l'église. Le butin est chargé sur les mules, les voleurs veulent le vendre à Turin.

Les pillards arrivent à Turin le mercredi 6 juin 1453, jour-octave de la Fête-Dieu. Près de l'église Saint-Silvestre, une mule trébuche et s'abat sur le sol. Elle ne peut se relever. Vers cinq heures du soir, les sangles des sacs se rompent. L'ostensoir avec l'hostie consacrée qu'il contient s'élève dans les airs au-dessus des maisons voisines. L'hostie est environnée de rayons resplendissants et chacun la voit lumineuse comme le soleil.

Le miracle se répand et les Turinois arrivent en foule. Barthélémy Coconno, prêtre du voisinage, avertit l'évêque, Mgr Louis Romagnono. Celui-ci vient en vêtements pontificaux sur les lieux du miracle. Il est accompagné des chanoines de la cathédrale, des prêtres, de religieux et de notables. Tous se prosternent et supplient avec les paroles d'Emmaüs : « Reste avec nous, Seigneur ! ».

L'ostensoir tombe à terre, laissant l'hostie libre et rayonnante comme un deuxième soleil. L'évêque élève un calice en direction de l'hostie miraculeuse. L'hostie descend lentement et vient se placer dans le calice. L'évêque, suivi de tous, la porte processionnellement jusqu'à la cathédrale Saint-Jean.

Reconnaissance

Jean Galesio, noble de Turin, relate les faits et fait signer onze témoins. Le document s'est égaré. Heureusement le notaire ducal, Thomas Valle, en a fait sur parchemin un résumé authentique. Il est aujourd'hui conservé aux archives municipales dans une cassette de cyprès fabriquée au XVIIe siècle. Le coffret renferme également la déposition, faite en 1454, sous la foi du serment, de Thomas de Solerio de Riparolis. Ce dernier est retenu au lit depuis trois ans par la goutte, les mains et les pieds perclus. Ayant entendu le récit du prodige, il fait vœu de venir voir l'Hostie miraculeuse et de lui offrir une torche dès que possible. A peine a t-il fini cette promesse, qu'il se lève, délivré de son mal, exécute son vœu dans l'église métropolitaine et fait sa déposition.

En 1453 la commune de Turin érige une stèle commémorative au lieu du miracle. En 1455, le chapitre métropolitain fait construire au Dôme, par le maître Antoine Trucchi, un tabernacle artistique pour conserver l'Hostie du prodige. Le 5 janvier 1509, la municipalité de Turin décide de peindre l'emblème de Jésus-Eucharistie sur le palais communal, les quatre portes de la cité et le marché aux grains près duquel avait eu lieu l'événement extraordinaire. En 1510, le conseil de la ville décide d'ériger un oratoire près de l'église Saint-Silvestre. Il est construit en 1528 et remplacé en 1607 par la basilique du « Corpus Domini ». En 1653 celle-ci est confiée aux Pères de l'Oratoire avec à leur tête le bienheureux Sébastien Valfré. En 1655, une congrégation de prêtres « du Corpus Domini ».

L'Hostie fut conservée quarante années ou cent trente et un ans selon les témoins. Elle fut consommée sur ordre du Saint-Siège « *pour ne pas obliger Dieu à faire un perpétuel miracle en la maintenant incorrompue.* »

L'Hostie miraculeuse est exposée la première fois en public le 21 août 1453. Elle est exposée chaque année le troisième dimanche d'août. A partir de 1753 le miracle est fêté le 6 juin « fête de la découverte du Corps du Christ ». Le 29 janvier 1852 est approuvé un office et une messe propre pour commémorer le prodige.

Dans la basilique du Corpus Domine à Turin, une grille de fer entoure l'emplacement où eu lieu le premier miracle eucharistique de 1453. Une inscription sur le pavement à l'intérieur indique : « Ici toma prostré le mulet qui transportait le corps divin ; ici la Sainte Hostie libérée du sac qui l'emprisonnait s'éleva d'elle-même ; ici, clémente elle descendit dans les mains des Turinois- ici donc est le lieu devenu saint par ce miracle – en le rappelant, en le priant à genoux, qu'il soit par toi vénéré ou qu'il t'inspire de la crainte (6 juin 1453). »

L'ostensoir avec l'hostie consacrée s'élève dans les airs selon le don de force. L'hostie consacrée est environnée de rayons de lumière et manifeste le don de gloire. L'hostie passe à travers l'ostensoir selon le don du corps spirituel. L'ostensoir tombe à terre et l'hostie reste libre et rayonnante comme un deuxième soleil selon les dons de gloire et de force. L'hostie se conserve des années jusqu'à la décision du Saint Siège manifestant le don d'incorruptibilité.

5.3 Feu sacré
Histoire basilique Saint Sépulcre Jérusalem

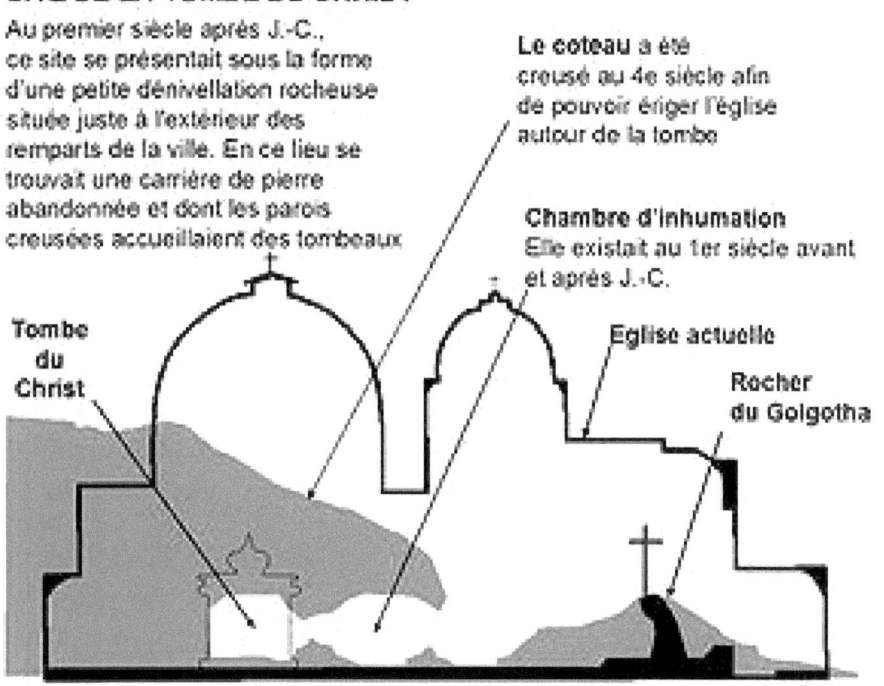

Position de la tombe du Christ et le Golgotha au sein de l'église
GNU Free Documentation Licence

L'église du Saint-Sépulcre est construite sur les lieux du Calvaire (mont Golgotha) et du tombeau du Christ. Elle est située sur une colline au nord-ouest de Jérusalem.

Ce lieu servait de carrière de pierre depuis le VIIIe siècle avant J.–C.

Cet emplacement subit plusieurs modifications du Ier au IIIe siècle.

Au début du IVe siècle, l'empereur Constantin retrouve le tombeau du Christ et construit une première basilique.

En 614, le bâtiment est détruit par les troupes perses de Khosro II. Il est reconstruit. Il est à nouveau détruit le 18 octobre 1009 par le calife Fatimide et chiite Al-Hakim bi-Amr Allah. Il fait raser la grotte sépulcrale en brisant le rocher naturel.

L'église est reconstruite. Pour remplacer la grotte un édicule est réalisé au-dessus de la tombe.

Le bâtiment va être à nouveau pillé, incendié, et détruit de nombreuses fois lors des siècles suivants, en fonction des conflits et guerres avec les autorités politiques musulmanes du moment.

Phénomène

Le samedi saint, les orthodoxes célèbrent la descente du Seigneur aux enfers. Un patriarche orthodoxe reçoit le feu sacré. Le phénomène se produit suivant le calendrier orthodoxe de la fête de Pâques

La tradition orthodoxe affirme que le Saint Feu descend annuellement la veille de la Pâque orthodoxe, durant laquelle une lumière bleue émane de la tombe de Jésus-Christ (dans le Saint-Sépulcre), généralement en remontant de la dalle de marbre couvrant le lit de pierre qui serait celui sur lequel le corps de Jésus a été placé lors de son enterrement. Ce phénomène prend parfois la forme d'une colonne contenant une sorte de feu, d'où des bougies sont allumées. Ces bougies sont ensuite utilisées pour allumer les bougies du clergé et des pèlerins présents. Il est dit également que, parfois, le feu éclaire spontanément d'autres lampes ou bougies placées autour de l'édicule, dans l'église.

Le vendredi saint, les autorités israéliennes vérifient que le tombeau du Christ est vide et qu'il ne contient rien qui puisse allumer une flamme ou un feu. Le tombeau est ensuite scellé. Avant la création de l'État d'Israël, la procédure était la même, et c'étaient les autorités civiles et militaires ottomanes qui faisaient les vérifications et contrôles.

La pierre où aurait été déposé le Christ et d'où jaillirait le feu sacré
dans l'église du Saint Sépulcre à Jérusalem
GNU Free Documentation Licence

Des milliers de pèlerins ainsi que des chrétiens locaux de toutes les confessions se réunissent à Jérusalem pour participer et assister à cet événement annuel. La foule arrive dans la matinée du samedi saint et se regroupe dans l'église autour du sépulcre. Le Patriarche orthodoxe grec ou arménien subit alors une fouille complète et publique afin de vérifier qu'il n'emporte avec lui aucun moyen d'allumer des bougies. Après la fouille, il revêt sa tenue sacerdotale et entre seul dans le tombeau vers midi, et se met en prière.

Tandis que le Patriarche est à l'intérieur de la chapelle agenouillé devant la tombe, l'église est plongée dans la pénombre, mais parcourus par un murmure assez fort : les fidèles rassemblés chantent Seigneur, prends pitié (Kyrie eleison en grec) jusqu'à ce que le feu Saint descende. L'atmosphère est très tendue. Quand la lumière jaillit, le patriarche allume la brassée des 33 bougies qu'il a emportées avec lui, puis il sort avec ses bougies allumées et brillantes dans l'obscurité, un grondement de jubilation résonne dans l'église. Les fidèles s'écrient alors Axios ! (Il est digne !). La flamme est transmise aux fidèles dans l'église à partir de ces bougies. Les témoins rapportent que le feu se transmet à très grande vitesse dans toute l'église, certains affirmant que parfois les cierges s'allument spontanément.

L'archevêque Missaïl, qui a assisté à l'événement, et récolté le feu sur la pierre décrit ainsi son expérience : « *Étant entré à l'intérieur du saint tombeau, nous voyons surtout le couvercle de la tombe une lumière scintillante, comme si y étaient répandues de minuscules perles de verre d'apparence blanche, bleue, écarlate, et d'autres couleurs, qui ensuite, se fondant les unes avec les autres, rougeoyaient et se transformaient en feu ; mais ce feu, durant le temps nécessaire à lire sans hâte quarante Kyrie éléison, ne produit pas de brûlure et ne se consume pas, et les candélabres et bougies préparés s'y allument. Mais par ailleurs, comment et d'où cela provient, je ne saurais le dire.* »

Les pèlerins et le clergé prétendent que le Feu saint ne les brûle pas, ni les cheveux ni les visages.

Ce phénomène est considéré comme le plus ancien miracle annuel documenté dans la chrétienté.

Cet événement, très important, est très suivi dans toutes les communautés des chrétiens d'Orient et orthodoxes. C'est un « moment fort du christianisme oriental » qui rassemble des dizaines de milliers de pèlerins dans l'église et sur le parvis. La cérémonie est retransmise à la télévision en direct à travers de nombreux pays orientaux.

Le Saint-Feu est conduit dans certains pays orthodoxes. Il est alors reçu « officiellement » par l'Église et des dirigeants de l'État.

Historique saint Feu
Antiquité

Selon l'affirmation de l'Archimandrite Léonide[34], les plus anciennes informations sur le feu sacré, proviennent de l'Antiquité la plus profonde.

L'historien Eusèbe de Césarée décrit dans sa « Vita Constantini » datée d'environ l'an 328, un événement survenu à Jérusalem lors de la Pâque en l'an 162 : « *Lorsque les gardiens de l'église étaient sur le point de remplir les lampes pour les préparer à célébrer la résurrection du Christ, ils ont soudainement remarqué qu'il ne restait plus d'huile à verser dans les lampes. Sur ce, l'évêque Narcisse de Jérusalem ordonna que les bougies fussent remplies d'eau. Il a alors dit aux gardiens de les allumer. Devant les yeux de tous les présents, chaque lampe brûlait comme si elle était remplie d'huile pure. La tradition orthodoxe chrétienne affirme que ce miracle, qui précède la construction du Saint Sépulcre au IVe siècle, est lié au miracle du Saint Feu. Ils admettent que les deux diffèrent, comme le premier était un événement ponctuel tandis que le miracle du Feu saint se produit chaque année. Cependant, ils ont en commun la prémisse que Dieu a produit le feu là où, logiquement parlant, n'aurait pas dû l'être.* »

Autour de 385, Égérie, une noble femme d'Espagne, se rend en Palestine. Dans le récit de son voyage, elle parle d'une cérémonie au Saint Sépulcre du Christ, où une lumière sort de la petite chapelle entourant le tombeau, par laquelle toute l'église est remplie d'une lumière infinie (« lumen infinitum »).

Des écrits de pères de l'Église évoquent ce feu sacré. Grégoire de Nysse (331-394) indique qu'il vit le Feu sacré la nuit par les sens et spirituellement. Jean Damascène (676-749), dans ses chants liturgiques,

---

[34] « Archimandrite Léonide, Douchepoliesnoié Tchénié 1863

fait souvent mémoire de la lumière brillant miraculeusement sur le Saint Tombeau. Par exemple il dit : « *Pierre, s'étant rapidement approché du Tombeau, et ayant vu la lumière dans le sépulcre, s'effraya.* »

Moyen-âge

En 876, le pèlerin franc, Bernard le Sage, « Bernadus Monachus », écrit le récit de son voyage. Il déclare dans son récit de voyage : « *Le samedi saint, la veille de Pâques, au service du matin dans l'église du Saint-Sépulcre, l'assemblée chante « Kyrie, Eleyson » (Seigneur, prend pitié). Un ange descend et allume les lampes suspendues sur le Saint-Sépulcre. Le Patriarche transmet le feu à l'évêque, et enfin à toutes les personnes, de sorte que tout le monde peut allumer le feu dans sa maison. Le nom actuel du patriarche est Théodose (863-879); il est appelé en ce lieu pour sa piété.* »

Sous le règne de Baudouin 1er de Jérusalem, le clergé latin s'empare du Saint-Sépulcre. Mais lors de la célébration pascale de 1101, les responsables latins ne parviennent pas à obtenir le Saint feu. Devant le fiasco de l'événement, le clergé grec est restitué dans ses fonctions.

Au début du Xe siècle, Le métropolite Aref de Césarée de Cappadoce dans une lettre à l'émir de Damas écrit : « *À Jérusalem se trouve le Saint-Sépulcre, alors que son entrée est scellée, et que les chrétiens situés à l'extérieur de l'église de la Sainte Résurrection pleurent et prient, « Seigneur, prend pitié », soudain, il y a un éclair et les lampes s'allument; de ces flammes tous les habitants de Jérusalem allument leur lampe.* »

En 947, Nikita, un clerc de l'empereur byzantin Constantin VII, évoque dans son ouvrage, « L'histoire de Nikita clerc du roi », la descente du saint feu sur le tombeau du saint sépulcre, et le fait que seul certaines personnes peuvent le recevoir (avoir les mains pures), sous-entendant des conflits et rivalités de personnes pour recevoir le saint feu.

En 957, l'historien arabe Masudi raconte dans son récit de voyage en Palestine la célébration dans l'église de la Résurrection à Jérusalem qui rassemble des chrétiens de toute la terre, le feu descend du ciel et les bougies sont éclairées par lui. Les musulmans sont nombreux à venir regarder cette fête. (...) l'arrivée du feu est un grand mystère. Le feu descend le samedi matin avant le jour de Pâques.

Le Pape Urbain II, lors du concile de Clermont en 1095, dans son discours à la foule rassemblée devant lui, déclara : « *En vérité, dans ce Temple (le Tombeau du Seigneur), Dieu repose; jusqu'à présent, Il ne cesse d'y manifester des miracles car, aux jours de sa Passion, alors que toutes les lumières sont éteintes au-dessus de sa tombe et dans l'église, soudain, les « lampadas » éteintes se rallument. Quel cœur, si endurci soit-il, ne s'attendrirait pas devant une telle manifestation !* »

L'Higoumène Daniel, présent à la cérémonie en 1106, mentionne une incandescence bleue qui descend de la coupole de la « édicula » où le patriarche attend le Feu Sacré.

Le chroniqueur de l'Église romaine Baronius témoigne : « *Les chrétiens occidentaux, ayant repris Jérusalem aux Sarrasins, virent un miracle lorsque, le Samedi Saint, les bougies s'allumèrent d'elles-mêmes auprès du tombeau du Seigneur. Ce miracle se produit là-bas habituellement.* »

Différents ecclésiastiques

En 1101, après la prise de Jérusalem par les croisés, le clergé latin s'empare du Saint-Sépulcre et tente de recevoir le Saint feu (en supplantant le clergé grec orthodoxe). Mais le saint feu ne descend pas, et devant le fiasco de l'événement, le clergé grec est restauré.

Sur l'édicule, des traces de brûlure et une colonne fendue sont aujourd'hui visibles à gauche de l'entrée. L'explication des causes de ces dégradations a donné lieu à plusieurs versions :

Une version, qui est aujourd'hui retenue (car considérée comme étant la plus probable) est la suivante : en 1579, le clergé arménien corrompt le sultan (de l'Empire ottoman) Mourad III, et obtient (contre de l'argent) d'évincer les responsables grecs orthodoxes qui devaient rentrer dans le sépulcre pour recevoir le Saint feu. Ils s'enferment à l'intérieur de l'édicule à leur place avec l'aide des forces ottomanes. Le feu sacré n'apparait pas sur la tombe, mais jaillit d'une colonne à gauche de la porte (à l'extérieur du tombeau, dans l'église). La large fissure qui marque la colonne du milieu à la gauche de la porte serait, selon une tradition orthodoxe, le vestige de cet événement. Un officier turc du nom de Omar (saint Omar), voyant le miracle se convertit (publiquement) au christianisme mais il est immédiatement décapité, et son corps brûlé devant l'église. Ses cendres et ses os sont recueillis par des chrétiens, placés dans un reliquaire, et inhumés devant le couvent de la Vierge. La perte du feu miraculeux aurait forcé les Arméniens à redonner l'accès au Saint-Sépulcre aux Grecs. Remarque : cette version est très proche de la précédente, à l'exception de la date de l'incident.

La tradition arménienne (la plus ancienne connue est écrite au plus tard en 1635 dans « Itinéraires » du russe Siméon Lekhatsi. Ce récit se réfère à l'événement situé à une date incertaine : Il était une fois de pauvres pèlerins situés à l'extérieur (du tombeau) et qu'on ne laissait pas entrer, laissez-nous entrer disaient-ils, et ils étaient privés de [la lumière]. Mais quand la lumière est venue, elle s'est d'abord précipitée vers les pauvres et elle a brûlé les sommets des colonnes de marbre de chaque côté de la porte. Beaucoup de gens ont vu cela et ont rendu gloire à Dieu (...). Remarque critique : Siméon Lekhatsi, décrit la nature des dommages en indiquant que la Sainte Lumière a brûlé les sommets des colonnes de marbre de chaque côté de la porte, mais ne dit rien sur une fissure située à la base de la colonne, qui est pourtant l'élément le plus visible, encore aujourd'hui.

La tradition grecque : elle est rapportée la première fois par le vieux croyant John Loukianov qui a fait un pèlerinage en Terre Sainte dans les années 1710-1711. Il indique qu'un incident se serait produit 24 ans avant son passage (soit vers 1686) : le saint feu serait sorti du pilier le samedi saint. D'après les « Grecs », des responsables arméniens seraient venus à Pâques et auraient chassé les Grecs hors du sépulcre. Le métropolite grec, chassé hors du tombeau aurait pleuré et prié Dieu pendant que les Arméniens faisaient l'office dans l'édicule. À la onzième heure, le feu serait descendu, avec un bruit de tonnerre, et une grande lumière, sortant du pilier (à l'extérieur du sépulcre où se tenaient les Arméniens). Voyant cela, un officier musulman aurait déclaré Grand est le Dieu des chrétiens, ce qui aurait entraîné la colère de ses collègues qui le frappèrent et le tuèrent.

En 1834, le feu se propage lors de la cérémonie et cause une grande panique : 300 pèlerins qui tentent de fuir par la petite porte de l'église, donnant sur le parvis, meurent asphyxiés.

Période suivante

En 1648, le « Livre de la Foi » imprimé à Moscou évoque le feu sacré du samedi saint indiquant que chaque année, le samedi saint, on peut voir sur le tombeau du Seigneur la lumière sainte, et il ajoute : « *il y est démontré que cette Lumière apparaîtra sur le tombeau du Christ jusqu'à la fin des temps* ». Le moine Parféni précise : « *C'est une joie de voir, qu'à présent, bien qu'à contrecœur, les autres chrétiens respectent la foi orthodoxe, et jettent leurs regards sur les orthodoxes comme sur un soleil très clair, car ils espèrent tous recevoir par eux, la grâce de la lumière sainte.* »

En 1707-1709, le russe Hippolytus Vyshensky visite Jérusalem. Il laisse un témoignage écrit sur la descente du Saint feu.

En 1835, Avraam Norov, écrivain russe (futur ministre de la Culture), assiste à l'événement et raconte : « *J'ai vu comment le métropolite, âgé, s'étant penché pour pénétrer par l'entrée basse, arrivé dans la grotte, se jeta à genoux devant le Saint Tombeau, sur lequel rien n'était déposé, qui était complètement nu. Une minute ne s'était pas écoulée, que l'obscurité s'inonda de lumière, et le métropolite sortit vers nous avec un bouquet de bougies flamboyantes.* »

Accords de 1852

Les différentes églises chrétiennes sont en conflit pour la gestion du lieu. Aussi, le déroulement des célébrations fait l'objet d'un accord, appelé statu quo, en 1852 sous l'autorité de l'administration turque de l'époque en Palestine. Cet accord et le fonctionnement décidé à l'époque sont toujours en vigueur à ce jour. Un calendrier spécial des services de Pâques est établi et imprimé conjointement par les patriarcats grecs et arméniens. Selon l'historien de l'Église A. Dmitrievsky, qui a décrit le service liturgique au début du XXe siècle, le service moderne s'est considérablement écarté de celui mis en place dans les temps anciens. Au cours du siècle dernier, l'office a peu changé, ce qui peut être expliqué par le statu quo. Conformément à l'accord en vigueur, le patriarche de l'Église orthodoxe grecque et celui de l'Église orthodoxe arménienne participent ensemble à la célébration.

Science

Dans les années 2000, la Commission de description des événements miraculeux de l'Eglise orthodoxe russe met au point un programme d'étude des « événements qui accompagnent la descente du feu ». L'un des points concernait des radio-mesures à proximité de l'édicule. En 2008, Andrei Alexandrovich Volkov, chef du laboratoire de systèmes d'ions de l'institut Kourtchatov réalise des mesures à l'aide d'une instrumentation complexe comprenant une antenne, un convertisseur numérique, un oscilloscope et un ordinateur portable (pour enregistrer le spectre des mesures électromagnétiques). La campagne de mesure a duré plus de six heures, avec une mesure toutes les minutes, du spectre électromagnétique (dans la gamme de fréquences 0-360 kHz). Au moment de la descente du saint feu la puissance de rayonnement est comparable à la puissance du rayonnement électromagnétique à l'intérieur d'une machine de soudure à l'arc. Andrei Alexandrovich Volkov conclut qu'il s'agit d'un « véritable miracle » qui ne peut se « produire qu'à la suite d'une décharge électrique ». Le journal « Science et Religion » note : « *lors de la descente du Saint-feu, il se produit une ou plusieurs décharges électriques suffisamment puissantes, qui, apparemment, sont la cause de l'allumage par étincelle. (...) Nous notons qu'au moment de ces mesures (lors de la décharge) il a été remarquée une résonance sonore bien distincte des chants et des prières de la chorale. Une telle décharge peut provoquer un effet piézo-électrique et donner naissance à un potentiel électrique significatif* ».

Le fabricant d'équipement et Candidat des sciences physiques et mathématiques, Andrei Volkov estime, pour sa part, que l'on ne peut tirer aucune des conclusions d'une (unique) expérience, car il faudrait faire encore d'autres mesures : « *Il y a eu une décharge électrique, soit par impact de foudre, ou par un phénomène « anormal » dans l'équipement de mesure, ou alors il a été* brièvement impliqué dans quelque chose de proche des briquets Piezo. »

Le chef de l'association des scientifiques orthodoxes, l'archiprêtre Gennady Zaridzen a utilisé un pyromètre pour déterminer la température du feu sacré. Il indique que dans les premières minutes de l'arrivée du feu, la température est d'environ 40 °C. Au bout de 15 minutes la température monte à 320 °C.

5.4 Saints

Don de gloire
Don temporaire de gloire de Séraphin de Sarov

Séraphin de Sarov est un saint de l'église orthodoxe. Il est né à Koursk le 19 juillet 1754 et meurt le 2 janvier 1833 au monastère de Sarov.

Un jour un russe vient trouver le Père Séraphin car il se pose une question, mais sa quête inlassable n'a pas trouvé de réponse satisfaisante. Il s'appelle Motovilov et se pose la question : « Qu'elle est le but de la vie chrétienne ? »

Séraphin de Sarov lui répond : « Le but de la vie Chrétienne est l'acquisition du Saint-Esprit ».

« C'était un jeudi. Le ciel était gris. La terre était couverte de quinze centimètres de neige et d'épais flocons continuaient à tourbillonner lorsque le Père Séraphin engagea notre conversation dans une clairière, près de son « Petit Ermitage » face à la rivière Sarovka là où la colline descend près de ses rives. Il me fit asseoir sur le tronc d'un arbre qu'il venait d'abattre et lui-même s'accroupit en face de moi.

- *« Le Seigneur m'a révélé, dit le grand starets, que depuis ton enfance tu désires savoir quel est le but de la vie chrétienne et que tu as maintes fois interrogé à ce sujet des personnages même haut placés dans la hiérarchie de l'Église. »*

Je dois dire que depuis l'âge de douze ans cette idée me poursuivait et qu'effectivement j'avais posé la question à plusieurs personnalités ecclésiastiques sans jamais recevoir de réponse satisfaisante. Le starets l'ignorait.

…
- *C'est donc dans l'acquisition de cet Esprit de Dieu que consiste le vrai but de notre vie chrétienne, tandis que la prière, les veilles, le jeûne, l'aumône et les autres actions vertueuses faites au Nom du Christ ne sont que des moyens pour l'acquérir.*

- *Comment l'acquisition ? demandai-je au Père Séraphin. Je ne comprends pas très bien.*

- *L'acquisition, c'est la même chose que l'obtention. Tu sais ce que c'est que d'acquérir de l'argent ? Pour le Saint-Esprit, c'est pareil. Pour les gens du commun, le but de la vie consiste en l'acquisition d'argent - le gain. Les nobles, en plus, désirent obtenir des honneurs, des marques de distinction et autres récompenses accordées pour des services rendus à l'État. L'acquisition du Saint-Esprit est aussi un capital, mais un capital éternel, dispensateur de grâces ; très semblable aux capitaux temporels, et qui s'obtient par les mêmes procédés.*
- *...*
- *Cette grâce reçue au baptême, est si grande, si indispensable, si vivifiante pour l'homme, qu'elle ne lui est pas enlevée jusqu'à sa mort, — même s'il devient hérétique — la mort n'étant que le terme désigné d'en haut par la Providence divine pour l'essai existentiel de l'homme sur la terre, afin de voir ce qu'il va faire à l'aide de cette grâce pendant le temps octroyé par Dieu.*
- *Si nous ne péchions jamais après notre baptême, nous serions toujours des serviteurs de Dieu saints et immaculés, inaccessibles à la souillure de la chair et de l'esprit.*
- *Mais, voilà le malheur, c'est qu'en prenant de l'âge, nous ne grandissons pas en sagesse et en grâce divine, comme le faisait notre Seigneur Jésus-Christ. Au contraire, nous nous déprécions peu à peu, perdons la grâce du très saint Esprit de Dieu et devenons pécheurs. Mais quand quelqu'un, exalté par la Sagesse divine qui cherche notre salut par toutes les voies, se décide en son Nom à se tourner vers Dieu et à veiller à obtenir son salut éternel, alors un tel homme écoutant la voix de la Sagesse, doit recourir à la vraie conversion de tous ses péchés et à la pratique des vertus contraires aux péchés ; par cette pratique des vertus au nom du Christ, il arrivera à l'acquisition du Saint-Esprit agissant au-dedans de nous et y organisant le Royaume de Dieu.*
- *...*

- *Quand même, répondis-je, je ne comprends pas comment je peux être absolument sûr de me trouver dans l'Esprit-Saint ?*

Comment puis-je moi-même déceler en moi sa manifestation ?

Le Père Séraphin répondit :
- *Je t'ai déjà dit que c'était très simple et je t'ai expliqué en détail comment les hommes se trouvaient dans l'Esprit-Saint et comment il fallait comprendre sa manifestation en nous... Que te faut-il encore ?*

- *Il me faut, répondis-je, le comprendre vraiment bien...*

« *Alors le Père Séraphin me prit par les épaules et les serrant très fort dit :*
- *Nous sommes tous les deux, toi et moi, en la plénitude de l'Esprit-Saint. Pourquoi ne me regardes-tu pas ?*

- *Je ne peux pas, Père, vous regarder. Des foudres jaillissent de vos yeux. Votre visage est devenu plus lumineux que le soleil. J'ai mal aux yeux...*

Le Père Séraphin dit :
- *N'ayez pas peur, ami de Dieu. Vous êtes devenu aussi lumineux que moi. Vous aussi vous êtes à présent dans la plénitude du Saint-Esprit, autrement vous n'auriez pas pu me voir.*

Inclinant sa tête vers moi, il me dit à l'oreille :
- *Remerciez le Seigneur de nous avoir accordé cette grâce indicible. Vous avez vu – je n'ai même pas fait le signe de croix. Dans mon cœur, en pensée seulement, j'ai prié : « Seigneur, rends-le digne de voir clairement, avec les yeux de la chair, la descente de l'Esprit-Saint, comme à tes serviteurs élus lorsque tu daignas leur apparaître dans la magnificence de Ta gloire !*[35] »

Conclusion

Séraphin est surnommé de son vivant le « Transfiguré ». Par

---

[35] Séraphin de Sarov, entretiens avec Motovilov pages 176-177 par Irina Gorainoff, Desclée De Brouwer

grâce divine il a manifesté le don de gloire du ressuscité. Ce don que Jésus anticipa temporairement au moment de sa Transfiguration.

La vie et l'enseignement de Saint Séraphin de Sarov témoignent de notre vocation à la déification.

Libéré du péché, par la passion, la mort et la Résurrection de Jésus-Christ, nous retrouverons notre filiation divine dans le Christ, lumière du monde.

Don temporaire de gloire Symphorose Chopin

Symphorose Chopin (1924-1983), mystique stigmatisée, a vécu dans un bâtiment préfabriqué, à Rueil-Malmaison jusqu'à sa mort.

La nuit de Noël 1965, la maladie retenait Symphorose alitée. Elle n'avait pu se rendre à la messe de minuit. Tandis qu'elle priait, elle fut « ravie en extase » et « reçut la communion de la main d'un ange ».

Sa sœur cadette Berthe, qui dormait auprès d'elle, fut alors réveillée par une vive lumière : « *Assise dans son lit, les mains croisées sur la poitrine, les yeux fermés, Symphorose était toute brillante, comme une ampoule ; il y avait de la lumière dans toute la chambre. Même maman s'en est avisée, malgré qu'elle dormait de l'autre côté. Il y a eu ensuite la sirène des pompiers et du bruit dans l'escalier, parce que les voisins croyaient que la maison brûlait* ».

Don de force
Don temporaire de force de Philippe

A partir de Actes 8, 26 nous voyons que Philippe est envoyé par un ange sur la route de Jérusalem à Gaza. Il entend un Éthiopien lire le prophète Isaïe. Philippe témoigne de la bonne nouvelle de Jésus-Christ et le baptise dans l'eau suite à sa demande.

Actes 8, 39-40) : « **^{39}Mais, quand ils furent remontés de l'eau, l'Esprit du Seigneur enleva Philippe, et l'eunuque ne le vit plus car il poursuivait tout joyeux sa route. ^{40}Quant à Philippe, il se trouva dans Azot, et il alla jusqu'à Césarée, en annonçant la bonne nouvelle dans toutes les villes par où il passait.** »

Philippe est transporté instantanément par l'Esprit du Seigneur de la route de Jérusalem-Gaza à Azot.

Don temporaire de force de David du Plessis[36]

Deux personnes vinrent un jour trouver le prédicateur David du Plessis, le Monsieur Pentecôte américain, pour une urgence. Ils avaient couru quinze minutes et demandaient l'intervention du prédicateur auprès d'une personne pour une prière de délivrance.

David sortit précipitamment et tandis qu'il levait le pied pour courir, il le reposa devant le domicile de la personne en attente. Les deux personnes, qui l'avaient alerté, mirent à nouveau quinze minutes en courant pour le rejoindre.

David a eu le don de force de façon temporaire ce qui lui a permis de se déplacer instantanément d'un point à un autre.

Ces deux cas évoqués, Philippe et David, montrent un déplacement instantané de personnes, et donc de corps pesants, parfois sur des distances conséquentes. Ils ont eu, de façon temporaire, le don d'agilité. Ils ont pu être affranchis du poids de la matière, et se déplacer instantanément pour arriver au bon moment.

Il existe de nombreux cas avérés de lévitation parmi les mystiques chrétiens : Joseph de Cupertino, Mariam Baouardy en religion sœur Marie de Jésus Crucifié…

---

[36] « Monsieur Pentecôte David du Plessis » – Traduction Émile Dallières - Editions Foi et Victoire 1981

Don de corps spirituel
Don temporaire de corps spirituel d'Yvonne-Aimée[37]

Lors d'un pèlerinage à Lisieux dans les années 90, nous avons eu le privilège de rencontrer le Père Labutte qui a été le Père spirituel de Mère Yvonne-Aimée de Jésus. Il nous a donné le témoignage suivant.

Le Père reçoit le 16 février 1943 une dépêche l'informant qu'Yvonne-Aimée a été arrêtée par la Gestapo. Aussi le lendemain, il se rend à Paris avec sa mère qui souhaitait voir une nièce à l'église de Pantin.

Dans le métro, Yvonne Aimée lui apparait (par bilocation) et lui dit « Prie ! Prie ! Si tu ne pries pas assez....on m'embarquera ce soir pour l'Allemagne...Ne le dis à personne ! ».

Le Père, après avoir prié à la chapelle de la médaille miraculeuse, rue du Bac, se rend chez les Augustines. Il demande à aller prier dans le bureau d'Yvonne-Aimée.

Soudain, il entend dans le bureau un bruit sourd, semblable à celui d'un cavalier sautant de cheval. Il se retourne et se retrouve en présence d'Yvonne-Aimée alors que le bureau est toujours fermé et que le couvent est bouclé par crainte de la Gestapo.

La mère Yvonne-Aimée avait été transportée corps, âme et esprit de la prison au couvent. Elle a eu de façon temporaire le don de force qui lui a permis de se déplacer instantanément de la prison à son bureau. Elle a eu aussi de façon temporaire le don du corps spirituel qui lui a permis de traverser tous obstacles (monastère fermé à clé et bureau fermé).

Dans le cas d'Yvonne-Aimée, elle « arrive » avec son corps matériel dans son bureau fermé, à l'intérieur d'un couvent fermé à clé. Elle a eu, de façon temporaire, le don de subtilité. Elle a pu pénétrer les autres corps sans rencontrer aucune résistance.

---

[37] « Yvonne Aimée de Jésus, ma mère selon l'Esprit » Paul Labutte, François-Xavier de Guibert

Don d'impassibilité
Dons d'incorruptibilité et d'impassibilité

L'impassibilité est le fait de ne plus être soumis à la souffrance et à la mort, c'est le don d'immortalité du corps. Jésus est le premier ressuscité dans un corps impassible.

Bien que différent, le don d'impassibilité fait penser au don d'incorruptibilité. Les deux dons concernent la biologie.

L'incorruptibilité est le fait, pour un corps mort, de ne pas se putréfier. Des centaines de corps de mystiques ne sont pas atteints par la décomposition contrairement aux règles élémentaires de la biologie. Ces corps de saints auraient reçu une grâce divine pour ne pas tomber en poussière. L'Église catholique en authentifie plus d'une centaine.

Trois exemples de cas d'incorruptibilité

Catherine Labouré est religieuse dans la communauté des Filles de la Charité fondée par Vincent de Paul rue du Bac à Paris. En 1830 elle est témoin d'une apparition de la Vierge Marie qui lui demande de faire frapper une médaille avec ces mots : « O Marie conçue sans péché, priez pour nous qui avons recours à vous ». En 1933 son corps, exhumé pour sa béatification, est retrouvé intact. Son corps repose dans une châsse en verre dans la chapelle du couvent de la rue du Bac à Paris.

Bernadette Soubirous est témoin en 1858 de plusieurs apparitions de la Vierge Marie dans la grotte de Massabielle à Lourdes. Elle décède en 1879 à Nevers à l'âge de trente-cinq ans. Son corps est exhumé à trois reprises pour les besoins du procès de béatification. A chaque fois son corps est retrouvé intact. Elle repose désormais dans une châsse de verre et de bronze dans la chapelle de l'espace Bernadette à Nevers.

Thérèse-Marguerite du Sacré-Cœur, carmélite, est morte en 1770 d'une gangrène généralisée. Or son corps s'est desséché sans aucune trace de putréfaction.

Dans les cas d'incorruptibilité des corps de saints ce qui est troublant c'est que les conditions d'inhumation auraient dû entraîner la putréfaction. Les corps, retrouvés non corrompus, côtoient les corps en état de décomposition avancée dans les tombes voisines.

Libération des lois biologiques Marthe Robin

Marthe Robin (1902-1981), la mystique de Châteauneuf-de-Galaure, resta plus de 50 ans sans manger, sans boire et sans dormir.

Libération des lois biologiques de Madame R, Rolande Lefebvre

L'inédie de Rolande Lefebvre dura plus de 20 ans. Elle est vérifiée médicalement à l'Hôtel-Dieu à plusieurs reprises : du 20 au 23 février 1976, du 28 mars au 2 avril 1976, du 4 au 9 avril 1977. Le quatrième contrôle sera le plus concluant. Il est réalisé, à la demande de l'évêque pendant cinquante jours à partir du 22 avril 1980.

Ce jeûne défie les lois biologiques. En l'absence de boisson la mort survient au bout de 5 à 6 jours. En l'absence de nourriture la mort survient au bout de quelques semaines. Or Rolande Lefebvre ne perd pas de poids malgré les rejets naturels.

Libération des contraintes de la nature matérielle

Cette libération des contraintes de la nature matérielle, est comme une participation anticipée à la condition des corps glorieux.

6 Sens de la Résurrection

6.1 Choix de l'agneau du sacrifice

Intérêt de Dieu pour l'homme

Ps 8, 5-7 : « ⁵Qu'est-ce que le mortel, pour que tu te souviennes de lui, et le fils de l'homme, pour que tu t'intéresses à lui ? ⁶Tu l'as fait de peu inférieur à dieu, de gloire et de splendeur tu l'as couronné. ⁷Tu lui as donné pouvoir sur toutes les œuvres de tes mains, tu as mis toutes choses sous ses pieds... »

Sg 2, 23 : « **Car Dieu a créé l'homme pour l'immortalité, et il l'a fait à l'image de sa propre nature.** »

Après le péché originel, Dieu veut sauver l'homme.

Dieu donne à l'homme deux talents la liberté et le temps. La liberté permet à l'homme de faire des choix tout au long de ses états de conscience. La durée est une succession d'états de conscience de l'homme. Le temps permet la connaissance progressive. La liberté et le temps permettent l'apprentissage de l'homme. Le temps mesure le changement de l'homme depuis son état initial à son devenir.

Rachat de l'homme

La Bible nous parle du rachat de l'homme.

Ps 31, 6 : « **Entre tes mains je remets mon esprit ; tu m'as racheté, YaHWeH, Dieu fidèle !** »

Is 43, 1b : « **Ne crains pas, car je t'ai racheté ; je t'ai appelé par ton nom, tu es à moi !** »

Isaïe 44, 22 : « **J'ai effacé tes transgressions comme un nuage, et tes péchés comme une nuée : reviens à moi, car je t'ai racheté.** »

Lc 1, 67-69 : « ⁶⁷Et Zacharie, son père, fut rempli du Saint-Esprit, et il prophétisa, en disant :
⁶⁸**Béni soit le Seigneur, le Dieu d'Israël,
Parce qu'il a visité et racheté son peuple,
⁶⁹et qu'il a suscité pour nous une corne de salut,
Dans la maison de David, son serviteur...** »

S'il y a eu rachat, c'est donc qu'il y a eu perdition mais aussi qu'il y a eu préalablement un achat

Achat

D'où venons-nous ?

Nous sommes créés pour le Père par le Seigneur Jésus-Christ.

1Co 8, 6 : « **… pour nous, néanmoins, il n'y a qu'un seul Dieu, le Père, de qui viennent toutes choses et pour qui nous sommes, et un seul Seigneur, Jésus-Christ, par qui sont toutes choses et par qui nous sommes.** »

Tout a été fait par et à travers Jésus:
« **Tout par lui (le Verbe) a été fait, et, sans lui, rien n'a été fait de ce qui a été fait.** » (Jn 1, 3).

C'est dans le Verbe qui s'abaisse en prenant condition humaine impassible que naît le jardin d'Eden et le premier homme et la première femme.

Rm 11, 36 : « **Oui, de lui, par lui et pour lui sont toutes choses. À lui la gloire pour toujours ! Amen !** »

« **car c'est en lui (Jésus-Christ) que toutes choses ont été créées…** » (Col 1, 16a).

L'apôtre Jean nous rappelle dans l'apocalypse que le Verbe de Dieu, Fils de Dieu et Dieu lui-même est le principe de la création. Le Fils de Dieu s'incarne en Jésus pour être le témoin fidèle et véritable. Il prend condition humaine pour venir nous racheter.

« **Voici ce que dit l'Amen, le Témoin fidèle et véritable, le Principe de la création de Dieu :** » Ap 3, 14b.

« *Dans cette humanité du Fils fait homme, qui est le chair de sa Parole faite chair, se trouve le principe de la corporéité par laquelle le Logos divin, en s'incorporant toute l'humanité, et par elle l'univers entier, doit réaliser au niveau du créé toute la Sagesse incréée de Dieu, tout son plan de la créature.*[38] »

---

[38] « Le fils éternel » Louis Bouvier, pages 488 et 489

Perdition de l'homme

L'homme a été créé par Dieu. Il appartient à Dieu.

Dieu a fait l'homme maître de toute la création (Gn 1, 26).

Mais l'homme a pris du fruit de l'arbre de la connaissance désobéissant à Dieu. Il s'est assujetti au serpent. L'homme qui dominait la création s'est laissé dominer par le serpent. Il doit sortir du lieu de la présence de Dieu (Gn 3, 23). Il sera nécessaire de racheter l'homme au Mal.

Mais qui doit payer le rachat de l'homme ?

Qui doit pourvoir au rachat ?

Dieu a donné à Abraham et Sarah un enfant dans leur vieillesse : Isaac. Dieu demande à Abraham de lui offrir son fils en sacrifice (Gn 22, 1-19). Abraham monte sur la montagne avec ce qu'il faut pour le sacrifice. Mais Isaac s'étonne : « **[7]Il (Abraham) répondit : « Me voici, mon fils. » Et Isaac dit : « Voici le feu et le bois ; mais où est l'agneau pour l'holocauste ? » [8]Abraham répondit : « Dieu verra à trouver l'agneau pour l'holocauste, mon fils. ». Et ils allaient tous deux ensembles.** » Gn 22, 7-8

C'est à Dieu de pourvoir le rachat de l'homme car l'homme lui appartenait avant de se perdre par le péché. Cependant l'homme est à l'image de Dieu, libre. Il faudra donc que l'homme accepte son rachat.

Dans Exode 13, tout premier-né de l'homme est racheté avec un agneau (Ex 13, 13). C'est un signe (Ex 13, 14-15) pour rappeler que YaHWeH a fait sortir son peuple de la maison de servitude.

Quel est le prix à payer par Dieu pour racheter l'homme qui lui appartenait ? Quel est le prix de l'homme ? Quel est le prix pour libérer l'homme de la servitude du péché ?

Prix à payer pour le rachat de l'humanité
Valeur de l'homme

L'homme ne peut être racheté avec l'or et l'argent (1P 1, 18-20). L'homme ne peut être racheté avec le sang des animaux (He 9, 11-14 - Lv 17,11). L'homme ne peut être racheté par un homme mortel (Ps 49, 8). L'homme ne peut être racheté par un ange (He 1, 5 - He 1, 14).

La valeur de l'homme est plus grande que l'or, le sang des animaux, l'homme, les anges. La valeur de chaque homme, c'est la valeur de Jésus lui-même.

C'est ce que dit Jésus à la reine Brigitte de Suède :

« *Je t'aime d'un amour infini, plutôt que d'être privé de ton âme, j'endurerai ma passion et ma mort pour toi seule.* »

L'homme est à l'image et à la ressemblance de Dieu lui-même (Gn 1, 26a - Gn 1, 31).

Nécessité d'un homme et d'un Dieu pour racheter l'humanité

L'homme a chuté dans sa nature humaine. Il doit être racheté par un être qui prend sa nature humaine (He 2, 14-18).

Jésus serait mort sur la croix pour un seul homme. Mais Jésus étant Dieu, son sacrifice dans sa nature humaine permet de sauver chaque homme et donc l'humanité entière (Col 2, 9).

Méthode du rachat

Pour nous racheter, Jésus doit nous suivre, non dans le péché mais dans les conséquences de notre chute. Jésus entre dans l'histoire de l'humanité à partir de la conception par L'Esprit-Saint d'une vierge. Jésus s'abaisse encore en prenant un corps passible de façon à, par sa mort et sa Résurrection, nous mériter le salut (Rm 6, 23 - Ap 1, 17-18).

6.2 Salut de l'homme

Incarnation

La conséquence du péché est la mort. Mais au-delà, la conséquence du péché est le passage du jardin d'Eden au monde dans lequel nous vivons.

Avant l'univers, il y a Dieu qui est, qui était et qui vient. Avant le big-bang, pour les juifs, il y a la Torah et le Messie. La création va se faire par, pour et en le Verbe. Le Messie, c'est le Dieu-homme qui s'incarne en Jésus homme passible pour nous mériter le salut.

Le Verbe nous accompagne dans les conséquences de notre chute. Il s'abaisse prenant condition humaine mortelle par son incarnation en Jésus. Les quatre dons sont suspendus pendant la vie terrestre du Verbe incarné en Jésus pour nous rejoindre dans notre humanité déchue. Son corps devait être passible pour nous mériter notre salut.

Rédemption

Le Verbe s'abaisse encore, prenant sur lui le poids de nos péchés en portant sa croix et en mourant sur le bois de la croix. Il a pris sur lui la dette que nous avions envers Dieu à cause de nos errements. Jésus est l'agneau immolé offert en holocauste pour la rémission des péchés. Il fait mourir dans sa mort « l'habit de peau » que nous ont valu le péché originel et tous nos péchés.

Mais Jésus ressuscite le troisième jour revêtant un « habit de peau » transfiguré, libéré des lois physiques et biologiques. Il est le premier ressuscité, et nous montre le chemin pour nous libérer du péché et de ses conséquences, et pour qu'un jour nous soyons aussi ressuscités.

La Résurrection de Jésus inaugure le monde nouveau d'où le mal a enfin disparu et avec lui la souffrance et la mort. Elle inaugure l'homme nouveau libéré du péché et de ses conséquences. Jésus nous appelle à le suivre dans la résurrection où nous revêtirons comme lui un corps spirituel, libéré des contingences du monde matériel par les quatre propriétés de gloire (ou clarté), de force (ou d'agilité), de corps spirituel (ou de subtilité), et d'incorruptibilité (ou d'impassibilité).

Voile du Temple et Chair du Christ

Hb 10, 19 : « **Ainsi donc, frères, puisque nous avons, par le sang de Jésus un libre accès dans le sanctuaire, par la voie nouvelle et vivante, qu'il a inaugurée pour nous à travers le voile, c'est-à-dire sa chair ...** »

Le voile du Temple s'est déchiré à la mort de Jésus (Matthieu 27, 51). Le Saint des Saints du Temple est devenu accessible à tous. Dieu veut faire sa demeure en chacun de nous. Nous sommes appelés à être le Temple de sa présence.

La chair du Christ a été offerte en sacrifice parfait car Jésus est le Saint de Dieu, sans péché et sans tache. Comme le voile du Temple, sa chair s'est déchirée pour nos péchés et à travers ce sacrifice nous avons accès au Saint des Saints, à Dieu le Père. Il a payé le prix pour nous et nous offre de renouveler l'alliance de l'homme avec Dieu le Père, à travers son sacrifice, la mort du Fils de l'homme pour que renaisse le fils de Dieu que nous sommes.

Le Verbe s'incarne prenant notre condition humaine déchue par le péché. Il accepte, bien que sans péché, la suspension de ses quatre dons et les limites de la matière. Il meurt pour nos péchés et ressuscite le troisième jour revêtu des quatre dons préternaturels.

Résurrection de l'homme à la suite du Christ

Après avoir guéri un paralytique à la piscine de Bethesda le jour du sabbat, Jésus déclare aux Juifs.

Jean 5, 28-29 : « **[28]Ne vous en étonnez pas, parce que vient l'heure où tous ceux qui sont dans les sépulcres entendront sa voix, [29]et ils (en) sortiront : ceux qui auront fait le bien ressuscitant pour la vie, ceux qui auront fait le mal ressuscitant pour la condamnation.** »

Adam a un corps avec les quatre dons préternaturels avant la chute. Après la chute il revêt un corps biologique mortel.

Christ a assumé notre condition humaine, soumise aux lois physiques et biologiques. Mais par sa résurrection il a montré le chemin pour qu'à sa suite nous soyons transformés en étant libérés du péché et des conséquences du péché (lois physiques et biologiques). Nous devons tous mourir dans notre corps biologique pour revêtir à la suite du Christ un corps transfiguré. À la suite du Christ, lors de la résurrection des morts nous serons revêtus des quatre dons préternaturels.

1 Co 15, 51-54 : « **[51]Voici un mystère que je vous révèle : Nous ne nous endormirons pas tous, mais tous nous serons changés, [52]en un instant, en un clin d'œil, au son de la dernière trompette, car la trompette retentira et les morts ressusciteront incorruptibles, et nous, nous serons changés. [53]Car il faut que ce corps corruptible revête l'incorruptibilité, et que ce corps mortel revête l'immortalité.** «
[54]Lorsque ce corps corruptible aura revêtu l'incorruptibilité, et que ce corps mortel aura revêtu l'immortalité, alors s'accomplira la parole qui est écrite : « La mort a été engloutie pour la victoire. »

Ressuscités à l'image du Christ ressuscité nous serons complètement libres.
Nous serons libérés :
- De la matière et de l'énergie (poids de la matière et besoin d'énergie) devenant pleins de force ;
- de l'espace (possibilité de pénétrer d'autres corps sans rencontrer aucune résistance) devenant corps spirituel ;
- du temps et de la causalité (poids de la corruption et de la mort) devenant immuables et immortels ;,
- du péché (corruptibilité et ignominie) devenant glorieux.

Kénose du Verbe ou le scandale de l'amour de Dieu

Après le baptême de Jésus les cieux s'ouvrent pour lui. Les mondes intermédiaires angéliques s'écartent pour laisser le plus haut, le Père, rejoindre celui qui s'est abaissé au plus bas, le Verbe incarné en Jésus, par le Saint-Esprit.

Le ciel s'ouvre au-dessus de Jésus montrant qu'il est le médiateur entre le ciel et la terre. Le Père parle, du ciel il fait entendre sa voix. L'alliance va se rétablir entre Dieu et les hommes par Jésus, pleinement Dieu et pleinement homme. Le baptême de Jésus, marque le début de son ministère public.

Le baptême de Jésus est une kénose de celui qui est sans péché mais qui prend la condition de pécheur.

La première kénose du Verbe est réalisée avec la surrection du Verbe permettant la création. La deuxième kénose du Verbe est son abaissement par l'union hypostatique dans la nature humaine impassible. La troisième kénose du Verbe (première dans le monde historique) est son incarnation dans la nature humaine passible de Jésus. La quatrième kénose du Verbe est l'acceptation d'être plongé dans l'eau du baptême en s'identifiant au pécheur (non par le péché, mais en assumant les conséquences du péché). La cinquième kénose est la passion et la mort de Jésus, pour la rémission des péchés. Ces cinq sublimes kénoses dont trois dans le temps des hommes sont incompréhensibles dans leur profondeur. Elles sont un mystère d'amour du Créateur pour la créature.

Que devons-nous faire

Dieu ne peut pas nous sauver malgré nous. Il nous a fait libre. Nous devons croire au seigneur Jésus, pleinement homme et pleinement Dieu. Il est mort à cause de nos péchés et il est ressuscité le troisième jour, nous libérant du péché, de son emprise, et de ses conséquences. Nous devons accepter que Jésus ait payé le prix pour nous (Jn 3, 16)

Fort de cette certitude, nous devons donner notre vie à Jésus-Christ, confiant dans son amour pour nous montrer le chemin vers le Père, et confiant dans sa promesse de nous guider par le Saint-Esprit (1Jn 3, 16).

6.3 Étude scientifique des quatre dons

Explication générale sur les quatre dons

Après le péché originel, l'homme est revêtu du vêtement de peau et devient mortel. Il est exilé du jardin d'Éden vers notre univers que nous nous efforçons de connaître.

Dans la théorie du Big-bang, à l'origine notre univers est une énergie colossale contenu dans l'espace (10^{-23} cm) et le temps de Planck (10^{-43} sec). Puis avec le Big-bang une grande inflation cosmique s'opère. L'énergie se déploie avec l'espace et le temps. De l'énergie va naître la matière et l'antimatière. La matière va devenir prépondérante.

À l'origine l'univers est une énergie, de la matière, de l'espace, du temps et de la causalité lié au temps.

En physique, le principe de causalité affirme que si un phénomène (cause) produit un autre phénomène (effet), alors la cause précède l'effet.

Après cette « création », une dynamique extraordinaire va se produire en permettant la première cellule vivante, puis les deux premiers humains, c'est-à-dire Adam et Ève. Ces deux premiers humains ont perdu les dons préternaturels qu'ils avaient au jardin d'Éden suite au péché originel.

La liberté et le temps permet à l'homme d'avoir une connaissance progressive et de faire des choix multiples étalés sur la durée de sa vie terrestre. La causalité permet à l'homme de voir les conséquences de ses choix. L'espace donne à l'homme la distinction entre lui-même, les autres, son environnement. L'énergie donne à l'homme les moyens d'agir sur la matière lui-même, les autres, l'environnement.

La connaissance de l'homme est progressive car ses sens sont limités dans leur nombre et dans leur bande passante. Le cerveau de l'homme est limité dans sa puissance de calcul, sa mémorisation, la quantité de données à traiter.

La vie de l'homme est un temps d'éducation pour découvrir au-delà du monde des apparences, le monde des présences. Un temps pour une quête inlassable, qui n'a de véritable repos, que lors de la découverte de son créateur, son Dieu, c'est-à-dire l'Amour.

Réflexion scientifique sur les quatre dons
Don de force ou d'agilité

Le mécanisme de Higgs est à l'origine de la masse des fermions, quarks et leptons, particules de matière. Le champ de Higgs et le boson de Higgs donne la masse pesante et la masse inerte à toute la matière.

La masse pesante explique la force entre deux éléments massiques et donc l'attirance de notre être par le centre de la terre. La masse pesante nous assujettie à la gravité et donc nécessite de l'énergie pour contrer la gravité. La force du poids est égale à notre masse multipliée par l'accélération de la gravité.

La masse inerte nous contraint à dépenser de l'énergie pour nous déplacer. La force pour vaincre l'inertie est égale à notre masse multipliée par l'accélération.

Einstein a démontré que ces deux masses avaient même valeur.

Le don de force ou d'agilité est la libération du champ de Higgs et du boson de Higgs. Le don de force est la libération de la limitation de la matière nécessitant de l'énergie pour se déplacer et pour vaincre la pesanteur.

Avec le don de force, le corps n'est plus soumis à la gravité. Il peut se déplacer verticalement instantanément sans énergie. Avec le don de force, le corps n'est plus soumis à l'inertie. Il peut se déplacer horizontalement instantanément d'un point à un autre sans énergie.

Ce don nous libère de la limitation de la matière par la masse qui nécessite de l'énergie pour se déplacer.

Don du corps spirituel ou de subtilité

Le théorème de la mécanique quantique relativiste, est élaboré par Paul Dirac en 1930. Les particules de spin demi-entier sont des fermions (particules de matière quarks et leptons) et elles obéissent à la statistique de Fermi-Dirac, donc au principe d'exclusion de Pauli. Les fermions ne peuvent occuper simultanément un même état quantique. En d'autres termes deux corps matériels ne peuvent être dans le même espace-temps (occuper en même temps le même espace).

Alors que les particules de spin entier sont des bosons (particules d'énergie) et elles ne sont pas concernées par le principe d'exclusion de Pauly. Les bosons peuvent occuper un même état quantique.

Le principe de Pauly stipule que deux particules d'énergie peuvent être dans le même espace-temps mais que deux particules de matière ne peuvent pas être dans le même espace-temps.

Le don du corps spirituel ou de subtilité concerne la libération du principe d'exclusion de Pauly. Avec ce don, le corps n'est plus arrêté par des obstacles.

Ce don s'apparente en physique quantique à l'effet tunnel. L'effet tunnel est la propriété pour un objet quantique (une particule) de franchir une barrière de potentiel même si son énergie est inférieure à l'énergie minimale requise pour franchir cette barrière. C'est un effet purement quantique, qui ne s'explique pas par la mécanique classique.

Le carré du module de la fonction d'onde d'une particule représente la probabilité de présence de celle-ci. La probabilité ne s'annule pas au niveau de la barrière, mais s'atténue exponentiellement à l'intérieur de la barrière. Si, à la sortie de la barrière de potentiel, la particule possède une probabilité de présence non nulle, cela signifie qu'elle peut traverser cette barrière. Cette probabilité dépend des états accessibles de part et d'autre de la barrière ainsi que de l'extension spatiale de la barrière.

Le don du corps spirituel est la libération de l'espace.

Don d'incorruptibilité ou d'impassibilité

Le passage d'un état à un autre nécessite une durée. Le principe de causalité nécessite une durée entre la cause et l'effet. La durée minimale est liée à la vitesse de la lumière. En physique classique et relativiste aucune information ne peut être transmise à une vitesse supérieure à celle de la lumière.

Le don d'impassibilité permet de ne pas changer, de s'inscrire dans l'éternité. Le temps qui passe mesure le changement, le temps qui ne passe pas mesure l'impassibilité.

Ce don s'apparente en physique quantique à l'intrication quantique. L'intrication ou enchevêtrement quantique, est un phénomène dans lequel deux particules (ou groupes de particules) forment un système lié, et présentent des états quantiques dépendant l'un de l'autre quelle que soit la distance qui les sépare. Un tel état est dit « intriqué » parce qu'il existe des corrélations entre les propriétés physiques observées de ces particules distinctes.

En effet, le théorème de Bell démontre que l'intrication donne lieu à des actions non locales. Ainsi, deux objets intriqués O1 et O2 ne sont pas indépendants même séparés par une grande distance, et il faut considérer {O1+O2} comme un système unique. Cette observation est au cœur des discussions philosophiques sur l'interprétation de la physique quantique. En effet, elle remet en cause le principe de localité défendu par Albert Einstein mais sans le contredire tout à fait car des échanges d'informations à une vitesse supérieures à la vitesse de la lumière restent impossibles et la causalité est respectée.

Le don d'impassibilité est la libération du temps et de la causalité.

Don de gloire ou de clarté

Jésus-Christ par sa passion et sa mort paie le prix de notre péché. Si nous sommes blanchis par le sang de l'agneau, nous devenons libérés du péché. Sans péché nous pourrons vivre dans la présence de Dieu, hors de ce monde, limité par les lois physiques et biologiques, où le mal, la souffrance et la mort règnent.

Blanchi par le sang de l'agneau, nous n'avons plus à cacher notre présence derrière une apparence (Gn 3, 7-10). Nous pouvons être transparence à notre présence.

C'est la libération du paraître pour l'être, des limites de la connaissance par les sens et le cerveau pour une connaissance directe de présence à présence.

Nous entrons dans la vision béafique de Dieu. Nous retrouvons l'union d'amour avec Dieu. L'homme reflète alors la gloire de Dieu.

6.4 Quatre états de l'homme

Premier état : l'homme avant le péché

Le premier état de l'homme, c'est l'état d'Adam et d'Ève avant qu'ils ne connaissent le péché originel. Dans ces instants primordiaux, ils ne sont pas nommés, car ils ne sont pas nommables, comme Dieu. Nommer quelqu'un le désigne dans son essence générique ou spécifique, dans sa fonctionnalité. Or Dieu ne peut être nommé car cela le limiterait alors qu'il est infini dans son être et dans ses perfections. Avant le péché, le premier homme et la première femme sont en communion avec Dieu et ne sont pas nommables.

Au moment de notre création, pendant une fraction de seconde, nous sommes en communion avec Dieu. Mais cet état ne dure pas car le péché originel nous ramène dans notre condition humaine.

Nous avons cependant connu l'étreinte de Dieu. Nous ne pouvons jamais être en repos car nous avons la nostalgie de cette rencontre. Notre vie terrestre est une quête d'un absolu qui ne se trouve qu'en Dieu. Nous irons d'ersatz en ersatz, et de déception en déception, tant que nous ne reposerons pas en Dieu.

Deuxième état : l'homme après le péché

L'univers est à l'origine un contenu de matière et d'énergie dans un contenant d'espace et de temps. L'univers est dynamique avec le temps et le principe de causalité, du Big-Bang à l'homme.

Après la chute du péché originel, nous avons perdus les dons préternaturels, nous sommes devenus mortels. Notre être est soumis aux lois physiques et biologiques.

Notre présence est incorporée dans une matière devenue pesante. La masse inerte nous contraint à utiliser de l'énergie pour nous déplacer. La masse pesante nous maintient au sol et nécessite de l'énergie pour vaincre la pesanteur et nous élever dans les airs.

Notre présence est intégrée dans une matière indépendante et séparée des autres matières. Elle respecte le principe d'exclusion de Pauli. Notre présence ne peut plus être unie avec une autre présence dans un même espace-temps. Les présences ont de ce fait des points de vue différents.

Notre présence est cachée derrière une apparence. La connaissance n'est pas de présence à présence, mais d'apparence à apparence avec la limitation des 5 sens, limités en nombre et en bande passante, et la limitation du cerveau, limité en quantité d'informations traitées et en puissance de calcul.

Notre présence et incorporée dans une matière vivante périssable à durée de vie limitée. L'état de l'homme sur la terre est donc limité en temps. Le temps limite la connaissance. La connaissance progressive permet une multitude de choix. Le temps mesure le changement de l'homme. Le temps de l'homme sur la terre est un temps éducatif, un temps pour l'homme de se positionner. L'homme existe sur terre pour un devenir et le temps mesure le changement.

Les anges ont eu une connaissance suffisante pour faire un choix définitif. Les bons anges seront toujours bons, les mauvais anges toujours mauvais. Dieu ne voulait pas perdre l'homme.

Gn 3, 22 : « **Et YaWeH Dieu dit : « Voici que l'homme est devenu comme l'un de nous, pour la connaissance du bien et du mal. Maintenant, qu'il n'avance pas sa main, qu'il ne prenne pas aussi de l'arbre de vie, pour en manger et vivre éternellement.** »

YaHWeH sauve l'homme malgré lui. L'homme, par le péché s'est exclu de la présence de Dieu. Mais Dieu permet que cette exclusion de sa présence ne soit pas définitive comme pour les mauvais anges car il empêche Adam de prendre de l'arbre de vie. L'homme devient un mortel avec une durée de vie limitée. Lors du passage sur cette terre nous pouvons choisir Dieu et son salut par son Fils Jésus.

Troisième état : l'homme après la mort

Après la mort nous vivons le jugement particulier. L'état de l'homme après la mort peut être étudié avec les personnes ayant fait une Expérience de Mort Imminente (ou Next Death Expérience).

Nous nous bornerons à la première étape de l'expérience appelée **dé-corporation**. Le patient vit une sortie hors du corps physique, une dé-corporation. Il plane au plafond et flotte au-dessus de son corps inerte. Il voit son corps en dehors de lui-même, de la même manière que tous les objets extérieurs qui l'entourent.

La personne est consciente et observe son corps, parfois étonnée. Elle n'a pas une conscience immédiate de son vécu. Elle ne comprend pas immédiatement ce qui lui arrive.

Les créatures voient leur corps sans se plaindre ! Elles se regardent de l'extérieur de leur corps, comme après avoir enlevé un vêtement sale, déchiré... Elles n'ont aucune nostalgie du corps. Elles sont satisfaites de se détacher de quelque chose de pesant qui a fait souffrir.

Beaucoup réalisent à ce moment-là, en raison de ce qu'ils voient et entendent qu'ils sont en train de mourir, souvent avec un étrange détachement, une sensation de légèreté. Ceux qui l'ont vécue sont envahis par un grand calme et une **paix** profonde.

Les douleurs physiques, même les plus vives, ont disparu pour laisser place à un bien-être paisible et serein.

L'être se retrouve avec des **propriétés élargies**.

L'esprit obéit à la volonté. Le désir de passer dans une autre pièce est immédiatement exécuté, en passant à travers les objets, les personnes, et les murs. Le déplacement est instantané. Il donne une complète liberté de mouvement et de pensée.

Le déplacement est très rapide, à la vitesse de la pensée, avec la possibilité de se rendre très loin de l'endroit initial, dans une évidence simple et sans questionnements. Certains vivent cet épisode, conscients du changement de la relation à l'espace, d'autres ne réalisent l'étrangeté de ce passage qu'après l'expérience.

La personne voit ce qui se passe dans la pièce où se trouve son corps, mais aussi dans d'autres pièces. Certains voient à 360° dessus et dessous à la fois, d'autres normalement, mais tous voient très distinctement les détails et l'ensemble, avec une clarté, très particulière. Certains récits émanant d'aveugles de naissance témoignent d'un retour à la vue.

La personne entend ce qui se passe dans la pièce où se trouve son corps, mais aussi dans d'autres pièces selon sa volonté. Elle entend, c'est-à-dire qu'elle lit la pensée des autres dans un contact à un seul sens de conscience à conscience. Elle ne peut plus communiquer avec ses proches « restés » sur terre.

Au cours de cette phase, les personnes vivent un **élargissement de la conscience**. La capacité de penser, de raisonner et de comprendre devient très rapide, fluide, claire et instantanée. La conscience est élargie avec un sentiment d'être plus authentiquement soi-même. C'est la découverte du « moi » véritable aux facultés plus développées que le « moi » terrestre aux facultés contractées et limitées.

La personne a souvent la faculté de lire dans la pensée des personnes présentes. La personne ressent des émotions morales, spirituelles, sympathiques.

Le corps dans lequel se retrouve le mourant est une **entité particulière**, invisible à ceux qui sont vivants dans la pièce, et incapable de communiquer avec eux.

Tout se passe comme si ce n'était pas l'âme seule qui quitte le corps, mais un être plus complexe, immatériel mais jouissant encore de facultés corporelles. Il est doté de possibilités accrues dans les domaines de perception, de mobilité, de conscience.

Une rupture brusque est la mort du corps physique. Il s'agit en fait du transfert de la conscience du corps physique au **corps spirituel**.

Si le corps physique est parfois avec un handicap, le corps spirituel est toujours intact. Le corps spirituel est le réceptacle de notre conscience après la mort. Avec le corps spirituel nous ne sommes plus matière pesante. Nous sommes conscience et informations.

Nous pouvons penser à un lieu et y être instantanément. Nous pouvons penser à un savoir et l'avoir instantanément. Nous pouvons lire la pensée des mortels et les voir. Nous pouvons échanger avec des êtres spirituels. D'une certaine façon nous avons acquis de la liberté, car nous ne sommes plus assujettis à notre corps. Mais nous ne pouvons pas communiquer vers les mortels.

Dans ce **nouveau monde**, il n'y a plus de matière, plus de lieu ni de temps. La mort est vécue après le passage comme un moment très important, et très doux. C'est une renaissance.

Quatrième état : l'homme après la Résurrection
A la fin des temps, nous vivrons le jugement final. C'est après ce passage qu'a lieu la Résurrection des corps. L'état de l'homme après la Résurrection correspond à l'état de Jésus après sa Résurrection.

Épilogue

Oh ! Frère humains, nous étions dans l'illusion. Nous avons pensé être assez puissants pour nous débrouiller seul. Nous étions comme des brebis errantes cherchant leur chemin. Nous avions tous perdu le chemin de YaHWeH. Nous avons pensé pouvoir nous passer de Dieu. Mais il est la Vie. Peut-on se passer de la Vie sans mourir ?

Oh ! Frère humains, regardez l'histoire d'Israël racontée dans l'ancien testament de la Bible. C'est l'histoire du Dieu d'Amour qui cherche à rencontrer l'homme.

Oh ! Frères humains, écoutez ce que disent les prophètes du peuple élu, un Sauveur nous est promis. Ce Messie sera tout à la fois Dieu et homme.

Vous tous, regardez Jésus-Christ ! Sachez le reconnaître comme le Messie d'Israël annoncé par plus de 300 prophéties. Sachez le reconnaître dans le serviteur souffrant d'Isaïe.

Jésus est venu nous rejoindre dans le monde de l'homme. Il est venu pour nous parler de l'amour du Père. Il est venu nous réconcilier avec notre Père céleste.

C'est sur Lui, Jésus, qu'est tombé le châtiment qui nous était réservé comme pécheurs. C'est par ses blessures que nous sommes guéris. Le Seigneur a accompli sa tâche sainte, en parfaite obéissance au Père. Le Rédempteur s'est offert librement en sacrifice expiatoire pour tous nos péchés.

Jésus est mort le 14 Nissan de l'an 30 vers 15h00. Mais il est ressuscité le 16 Nissan de l'an 30 au petit jour.

Jésus est ressuscité dans un corps libéré des conséquences du péché, dans un corps libéré des lois physiques et biologiques.

Jésus a accompli le signe de Jonas promis. Il est vraiment le Fils de Dieu fait homme. Il est venu nous annoncé son Père et notre Père.

Amen, Alléluia, il est ressuscité. Il est vraiment ressuscité.
Amen, alléluia, il est vivant. Il est le Vivant pour l'éternité des temps.

La science et l'intelligence ne s'opposent pas à la foi, bien au contraire. Mais la foi se situe à un autre niveau, au niveau de l'intelligence du cœur, d'une révélation, d'une grâce de Dieu lui-même.

Le péché nous a entraînés loin du monde de Dieu. L'humanité est désormais soumise aux lois physiques et biologiques et donc à la mort.

Le Fils de Dieu est venu nous libérer du péché et des conséquences du péché.

Il est vivant. Il est même le Vivant dans son corps ressuscité. Et toi, lecteur, tu peux avoir une relation personnelle avec lui, parce qu'il t'aime et veut te rejoindre dans ton humanité.

Il est le Saint de Dieu, celui qui n'a pas péché.
Il a donné sa vie pour toi, pour moi, pour chaque être humain.
Et il a dit avant de mourir en Luc 23, 34a :
« Père, pardonne-leur, car ils ne savent pas ce qu'ils font ».

Alors ouvre ton cœur et donne ta vie à Jésus,
car il est le chemin, la vérité et la vie.
Il a un plan d'amour pour toi,
alors accepte le chemin qu'il a prévu pour toi.

Le fondement de notre foi est Jésus-Christ, le Seigneur.
Jésus est Dieu avec le Père et le Saint-Esprit.
Jésus est mort pour payer le prix de nos péchés.
Jésus est ressuscité pour nous donner la vie éternelle.

Que le Seigneur te bénisse et te garde du mal.
Qu'il te révèle la dimension de sa Sainteté et de son Amour.